천재의 생각법

세계 최고를 만드는 유대인의 지혜

천재의 생각법

세계 최고를 만드는 유대인의 지혜

Genius Thinking

미다스북스

"모든 사람이 같은 방향으로만 걸어간다면 지구는 금방 기울어질 것이다."

– 탈무드

Genius Thinking

"집중력은 인내력이 있고서야 비로소 발화되는 것이고,

성공한 자란 집중력을 지속할 수 있는 사람이다."

- 유대 격언

"다른 사람보다 뛰어난 사람은 정말 뛰어나다고 할 수 없다.

이전의 자기보다 뛰어난 사람을 정말 뛰어난 사람이라고 할 수 있다."

– 탈무드 격언

Genius Thinking

"아무리 훌륭한 쇠사슬이라도 고리 하나만 끊어지면 쓸모없게 된다."

– 유대 속담

천재는 집단적 네트워크 속에서 단련된 호기심이다

유대인 천재들의 특별한 생각법

이 책은 유대인 천재들의 '남과 다르게 생각하는 방법'에 관한 이야기다. 여기서 '유대인'과 '천재'의 중요성은 비슷하다. 천재라는 말에 의문이 생긴다면 해당 분야의 세계 1인자로 바꿔서 이해하면 쉽게 수긍이 갈 것이다. 이 책에 등장하는 유대인들은 대부분 세계적으로 유명하고, 자신의 활동하는 분야에서 정상에 선 사람들이다. 아인슈타인은 20세기 이후 최고의 천재라고 불리는 인물이고, 마르크스나 프로이트 역시 19세기 이래 인류에게 가장 강력한 영향을 준 사상가들이다. 마크 저커버그나 래리 페이지는 세계 최고의 젊은 부자들이고, 스티븐 스필버그는 세계 최고의 흥행감독이다.

다만 그들 모두가 완전한 유대인은 아니다. 법적인 유대인이란 어머니가 유대인이며, 유대교를 믿어야 한다. 그런데 마크 저커버그는 개종했고, 마르크스는 종교 자체를 부정하며, 유대 성인식도 치르지 않은 래리 엘리슨은 일본 문화에 더 빠져있다. 그래서 유대인보다 천재를 앞에 내세웠다. 하지만 내면을 유심히 살펴보면 이 책에 나오는 사람들에게는 유대인으로서의 공통점이 존재한다. 어릴 때부터 유대식 교육을 받고, 교육열이 높은 전형적인 유대인 부모를 갖고 있으며, 유대인 방식의 전형적인 생각과 행동을 한다. 이 책은 그들의 전형적인 특별함을 살피고자 한 것이다.

'천재'는 대략 다음 세 가지 특성을 지닌다.
1) 남과 다르다.
2) 팀을 짜서 집단적 네트워크를 공유한다.
3) 오랜 시간을 버텨서 무언가를 이루어 낸다.

이 세 가지 가운데 2)와 3)이 없으면 비운의 천재로 끝나는 경우가 많다. 3)은 있는데 1)과 2)가 없으면 천재라 하지 않고 자수성가해서 무언가 이룩한 정도로 그칠 가능성이 높다. 셋 중에 하나라도 현저히 부족하면 세계적인 영향력을 발휘하지 못하거나 시간의 경과에 따라 '천재성'이 소멸될 수 있다.

이 책에 나오는 인물들은 이 세 가지 특성을 대부분 갖추고 있는 유대인이다. 그들은 개종을 했건 유대교를 부정하건 모두가 유대인 어머니를 두었다. 유대인 어머니는 하나같이 어릴 때부터 잠자리 교육을 시킨다. 어린 자녀들이 잠들 때까지 책을 읽어주고 지혜로운 이야기를 들려준다. 그 이야기는 때로 모세의 기적이고, 요셉의 인내며, 마사다 전설일 것이다. 5부에 아브라함, 요셉, 모세, 다윗 이야기를 넣은 것은 유대인의 시조인 아브라함부터 골리앗을 돌팔매로 쓰러뜨린 다윗까지 유대인식 생각의 근원을 살펴보고자 한 것이다.

'천재성'은 '집단적 네트워크'의 '훈련'으로 강해진다.

필자는 이 책에서 역사의 중심이나 시대의 선두에서 세계를 지배한 유대인들을 통해 그들이 어떻게 창의성을 발휘했으며, 어떤 결과를 만들었는지 정리해 보고자 했다. 정보, 상상, 돈, 언어, 자기 관리 총 다섯 가지로 분류하여 '유대인 천재'들은 1) 남과 다르게 2) 어떻게 팀을 짜고 네트워크를 만들었으며 3) 시간을 버텨서 무언가를 이루어 냈는지 조사했다.

보통 사람들은 '창의성'을 모르는 것이 아니라 '창의적으로 생각'하지 못한다. 남과 다르게 생각하지 못하는 것이다. 조지 소로스는 모두가 위험하다고 피하는 투자에서 고수익이라는 진주를 발견했다. 돈이 부족했던 어린 감독 스티븐 스필버그는 밀가루 구덩이로 전투지를 표현했다. 엘리트를 대상으로 판매했던 신문은 퓰리처의 손에서 대중을 위한 신문으로 바뀌었다. 에스티 로더는 화장품을 팔기 위해 화장품을 공짜로 나누어 주었다. 마커스 새뮤얼은 일본 사람들이 내다 버린 바닷가의 흔하디 흔한 조개껍데기로 백만장자가 되었다.

아인슈타인에게 당신은 천재냐고 묻는다면 그는 이렇게 대답할 것이다.

"나는 특별한 재능이 없습니다. 열렬한 호기심이 있을 뿐입니다."

"100번 반복하는 것보다 101번 반복하는 것이 낫다."

하늘이 내린 재주를 가진 사람이라고 해서 '천재天才'라고 하지만 천재성이나 창의성은 일부 사람들에게만 주어지는 선천적인 특권이 아니다. '천재성'이나 '창의성'은 결국 오랜 시간 반복을 통해 훈련되는 '남과 다름'이다. 이 책에 나오는 유대인 천재들의 삶을 통해 확인할 수 있다. '남과 다름'이 '집단적 네트워크' 속에서 오랜 시간을 경과하면서 반복적으로 훈련될 때 최고의 자리에 올라가게 되는 것이다.

유대인들은 1에서 1,000까지 가기보다 0에서 1까지 도달하는 것이 훨씬 어렵다고 생각한다. 유에서 유를 확대하는 것보다 무에서 유를 만들고, 아무도 하지 않는 상태에서 최초의 자리를 선점하는 것이 가장 힘들기 때문이다. 역사 속에서 남보다 빨리 남보다 앞서서 정보를 장악한 자가 항상 보다 높은 위치에서 세계를 지배했다. 정보는 지식과 지혜로 바뀌고 돈도 만들어 냄은 물론이다.

지금 이 시간에도 유대인의 손길이 우리 곁에

유대인에 대한 관심과 조사는 오래 전부터 했지만 이 책을 쓰게 된 결정적 계기는 지난 7월부터다. 우연한 자전거 사고로 몇십 년 만에 병원에 입원해야 했다. 할 일이라고는 책 읽고 글 쓰는 것밖에 없었다. 이때다 싶어서 세계에 1천5백만 명 정도밖에 되지 않는 유대인이 왜 노벨상 수상자의 30% 정도를 차지하고, 미국 400대 부자들의 20% 가량을 점유하는지 좀더 상세히 조사해 보고자 했다.

지금 이 시간에도 유대인들의 손길이 세계의 중심으로 뻗어 나가고 있다. 그리고 유대인들은 생각하는 것보다 깊숙이 우리 곁에도 다가와 있다. 우리가 입는 리바이스 청바지나 자주 마시거나 먹는 스타벅스 커피나 던킨도너츠, 베스킨라빈스 아이스크림, 그리고 자주 보는 할리우드 영화와 같은 일상의 문화 곳곳에 그들의 자본과 생각이 담겨 있다. 우리가 날마다 쓰는 컴퓨터나 사무용 소프트웨어도 마찬가지다. 최근 노벨문학상 수상자로 선정된 밥 딜런도 유대인이다.

필자에겐 사회에서 만난 스승이나 마찬가지인 철학자 박이문 선생님의 은사 자크 데리다도 전형적인 유대인이다. 데리다는 프랑스에서 석사와 박사과정을 밟던 박이문 선생님에게 토론과 논증의 교육을 시켜준 지도교수였다. 어릴 때부터 전형적인 유교식 교육을 받았던 박이문 선생님이 의외로 질문과 토론에 익숙한 소크라테스식 대화법을 항상 사용하는 원인이 여기에 일부 있지 않을까 추정해 본다.

게다가 프랑스에서 학위를 마친 박이문 선생님에게 미국으로 갈 수 있도록 추천사를 써주었던 데리다는 나중에 박이문 선생님이 교편을 잡고 학자로서 활동할 때 이렇게 물었다.

"당신은 팀을 가지고 있는가?"

본연의 일은 모두 팽개치고 몇 달간 이 책에만 매달렸다. 수많은 책과 자료를 읽고 도움은 물론 깨우침을 받았다. 참고한 자료들은 읽는 분들의 편리함을 위해 모두 뒤에 표기했다.

바쁘게 책 작업을 하느라 출판사 식구들에게 큰 도움을 받았다. 동지와 같이 늘 든든한 명상완 실장님을 비롯하여 이 책을 만들기 위해 헌신해준 파트너 소리씨와 다경씨에게 진심으로 감사드린다. 끝으로 몇 달간 책에 몰두하느라 집안에 전혀 도움이 되지 못해 아내에게 너무 미안하다. 나보다 아내 송영화를 더 사랑한다는 말로 고마움을 대신하고 싶다. 늘 내게 기쁨과 행복을 주는 아들 진혁이와 딸 정인이가 이 책을 읽고 세상을 살아가는 열정과 호기심이 더 생긴다면 더할 나위 없이 기쁘겠다.

2016년 가을에

차례

4장

언어를 지배하는 천재의 생각법

Genius Thinking

5장
자신을 지배하는 천재의 생각법

역사 이래로 정보는 돈과 권력과 관련이 있었다. 보다 나은 정보를 가진 자가 보다 많은 돈을 갖거나 보다 높은 위치에서 권력을 움켜잡았다. 정보Information는 '주체와 외부 객체 사이의 사정이나 상황'이다. 이 정보가 특정한 목적이나 문제 해결을 위한 자료Data로서 얼마나 효과적으로 편집 가공되느냐가 관건이다. 이것이 발전하면 지식이 되고 지혜가 된다. 고대는 물론이고 현대로 오면서 더욱 고도의 정보를 장악한 사람들이 최고의 지식인이 되고 최고의 지혜자가 되며 결국 세계의 지배자가 되는 것이다.

정보를 지배하는
천재의 생각법

"항상 기대를 능가하는 서비스를 제공하고자 노력하는 구글에게
최고란 끝이 아닌 시작일 뿐이다.
기술혁신과 반복을 통해 구글은 이미 효율성을 거두고 있는 일일지라도
예상치 못한 방법으로 개선시킨다."

– 구글 홈페이지

Genius Thinking

01 움직이는 미래를 잡아라

래리세르게이

> "지금까지 누구도 해결하지 못한 중요한 문제로 눈을 돌리면
> 세상을 위해 훨씬 더 가치 있는 무언가를 창조할 수 있습니다."
>
> – 래리 페이지

마이크로소프트를 따라잡은 구글

세계 최고 부자인 빌 게이츠는 1998년 스티브 발머에게 마이크로소프트의 CEO 자리를 물려주고 은퇴했다. 그때 인터뷰에서 "라이벌이 누구냐?"는 질문에 이렇게 답했다.

"어딘가의 차고에서 작은 회사를 세우고 무엇인가를 만들어 내려고 하는 젊은이들이다."

바로 그해 1998년 가을, 스탠퍼드대학 컴퓨터공학과 박사과정을 밟고 있던 래리 페이지와 세르게이 브린은 구글이라는 작은 회사를 창업했다. 둘은 학교 근처 멘로 파크에 있는 한 주택의 차고가 있는 창고를 빌렸다. 앞길이 창창했던 그들은 세계 최고의 검색 엔진을 만들려는 꿈을 실현하기 위해 스탠퍼드대학을 떠난 것이다. 실리콘 밸리의 투자자이자 당시 시스코시스템즈의 부사장이던 앤디 벡톨샤임에게 받은 10만 달러를 들고서.

그리고 2016년 현재 그들이 만든 구글은 기업가치 세계 1위 기업이 되었다. 애플과 각축을 벌이고 있지만, 마이크로소프트를 따라잡은 지는 이미 한참 되었다. 빌 게이츠의 말이 현실이 되는 데 채 20년이 걸리지 않은 것이다.

래리세르게이 = 래리 페이지 + 세르게이 브린

"래리세르게이!"

꼭 닮은 두 사람이 뒤돌아본다. 그들은 20년 후 세계 제일의 기업 구글Google을 만드는 래리 페이지와 세르게이 브린이다. 그들은 '페이지랭크'라는 독자적인 검색 알고리즘을 개발해 구글을 설립하고 빠른 속도로 검색 시장을 장악했다. 현재 구글은 전 세계 60여 개 나라에 지사를 두고, 전 세계 검색 시장의 70% 이상을 지배하고 있다.

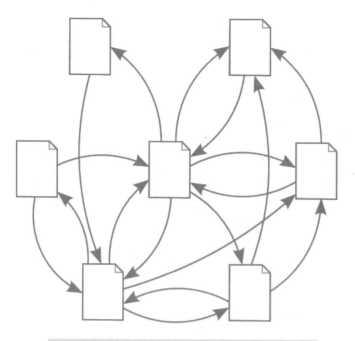

페이지랭크 PageRank
어떤 사람이 얼마만큼 그 문서를 인용하였는지를 비교하여 문서의 중요도를 선별하는 방식.

래리 페이지는 1973년 미국 미시간 주에서 태어났다. 래리 페이지가 8세 때 부모는 이혼했으나 부모의 역할 만큼은 열정적으로 했다. 아버지 칼 페이지는 미시간주립대학교 컴퓨터공학과 교수였고, 마찬가지로 어머니 글로리아도 컴퓨터 교수였다. 컴퓨터를 전공한 부모 슬하에서 그 역시 컴퓨터 영재로 자랐다. 6세 때부터 컴퓨터에 관심을 갖기 시작했고 초등학교 때는 숙제를 워드 프로세서로 작성해 제출하기도 했다. 래리 페이지는 그 학교 최초의 워드 프로세서 얼리어답터였던 것이다.

래리 페이지는 고등학교 졸업 후 미시간대학교에 진학해 컴퓨터 엔지니어링을 공부했다. 부모와 마찬가지로 교수가 되고 싶었던 그는 연구를 시작하기 위해 스탠퍼드대학원에 진학하는데, 그곳에서 운명적인 파트너 세르게이 브린을 만난다.

유대인 학대를 피해 소련에서 미국으로 온 브린의 가족
세르게이 브린은 1973년 모스크바에서 태어났다. 그가 여섯 살이 되던 해 가족과 함께 유대인 학대를 피해 가족들과 함께 소련을 떠나 미국으로 온다. 그의 아버지 마이클 브린은 이렇게 말한다.

"내 자신과 아들의 미래를 위해 소련을 떠났습니다."

세르게이 브린의 부모 역시 전형적인 유대인 부모로 자식 교육에 매우 열정적이었다. 그에 걸맞게 세르게이는 놀라운 학습 속도를 보이며 공립 고등학교를 졸업하고 메릴랜드대학에 진학한다. 수학 영재 세르게이는 1993년에 수학과 컴퓨터공학 분야에서 우등생으로 학사학위를 땄다. 이후 컴퓨터공학 지원 장학금으로 스탠퍼드대학에 간다.

세르게이 브린과 래리 페이지는 1995년 스탠퍼드대학교 학생 오리엔테이션에서 만난다. 신입생인 래리 페이지의 캠퍼스 안내를 2년 선배인 세르게이 브린이 맡게 된 것이다. 첫 만남에서부터 두 사람의 생각은 충돌했고 논쟁이 벌어졌다. 성격도 판이하게 달랐다. 브린은 합리적이며 문제 해결에 뛰어났고, 래리 페이지는 신중하고 내성적이었다. 친해질 구석이 전혀 없었다.

그러나 둘은 의외로 금방 가까워졌다. 서로가 '지적인 경쟁자'라는 사실을 깨달았기 때문이다. 그 기본 바탕은 유대인 방식의 가정환경이었다. 둘은 모두 질문과 토론에 익숙하고, 논리적인 공격과 방어에 능숙하도록 성장했다. 래리 페이지의 아버지인 칼의 동료가 이 사실을 대신 회고한다.

"래리는 모든 것에 대해 논쟁하고 싶어 했습니다. 래리는 아버지와 거의 모든 것에 대해 토론했습니다."

래리 페이지와 브린은 아예 논쟁과 토론을 즐겼다. 이 '논쟁과 토론의 과정'은 두 사람이 더 깊게 '교감하는 계기'가 되었다. 그 후 래리 페이지와 브린은 빌 게이츠의 기부로 세워진 '게이츠 빌딩' 306호에 기숙하며 같이 살았다. 캠퍼스에서 같이 붙어 다니는 두 사람을 보고 친구들은 이 둘을 부를 때 마치 한 사람의 이름처럼, 운율을 넣어서 '래리세르게이'라고 불렀다.

래리세르게이는 어려서부터 컴퓨터를 쓸 수 있었다. 두 사람의 부모님은 과학 기술 분야의 전문가였고, 비슷한 가정환경에서 자랐다. 때문에 열망을 공유하는 것도 어렵지 않았다. 이들은 '디지털 유토피아'를 만들겠다는 꿈을 꿨다. "일은 도전이어야 하고 도전은 재미가 있어야 한다."는 가치를 추구하는 그들은 '사용자가 세상의 모든 정보를 공짜로 유용하게 사용하도록 한다.'는 목표를 내세웠다.

이들은 2년 만에 놀라운 결과를 내놓는다. 그들은 1997년 스탠퍼드대 연구실에서 수학적 알고리즘을 활용한 혁신적 검색 엔진 '페이지랭크'를 만들어 낸 것이다. '페이지랭크'는 사용자에게 중요한 순서대로 검색 결과를 제공하는 서비스였다. 이는 당시 최고의 검색 엔진으로 알려진 알타비스타나 야후를 훨씬 뛰어넘는 수준이었다.

하지만 일이 진척될수록 두 사람의 새로운 고민은 깊어졌다. 학자와 사업가 사이, 선택의 기로에 선 두 사람에게 힘을 실어준 것은 담당교수 제프리 울먼이었다.

"뭘 그렇게 고민하나? 성공하지 못하면 돌아와서 박사과정이나 마치면 되지."

스탠퍼드대학교 전경

"조금 어리석게 보이더라도 목표를 크게 세우십시오.

대학 시절에 '불가능을 무시하는 건전한 도전정신을 지녀라'는 말을

들은 적이 있습니다. 정말 좋은 말입니다.

여러분은 사람들이 잘 하지 않으려는 일을 시도해야 합니다."

– 래리 페이지, 2003년, 이스라엘의 수학 영재들이 모인 고등학교에서

사악하지 말라! 사용자에게 봉사하라!

1998년 '래리세르게이'는 회사를 설립한다. 그들의 혁신적 방식은 등장과 동시에 기존 질서를 파격적으로 뒤집었다. 과감한 시도는 격렬한 환호를 받았다. 사람들은 '페이지랭크'의 압도적인 품질에만 열광한 것이 아니다.

"사악하지 말라!Don't be evil!"라는 구글의 사훈과 "최종 사용자End User에게 봉사하는 것이 최우선 과제"라는 래리세르게이의 메시지는 창의적이고 정의로운 기업으로 구글의 이미지를 형성했다.

그들의 말이 현실로 변하는 것을 보면서 사람들은 구글에 더욱 빠져들었다. 그 대표적인 예시는 구글의 깔끔한 화면이다. 많은 사람들이 구글 검색 엔진의 장점을 '깔끔한 화면'으로 꼽는다. 광고를 최소한으로 줄였기 때문이다.

기존의 검색 엔진이 광고를 노출시키는 방식은 단순했다. 더 많은 돈을 주는 광고주의 광고가 가장 상위에 빈번하게 노출되었다. 구글은 이런 '사악한' 방식을 쓰지 않았다. 구글은 광고를 노출하는 방식을 개혁했다. '애드워즈'와 '애드센스'가 그것이다. 구글은 사용자의 검색 패턴을 분석하여 사용자의 니즈Needs에 가장 가까운 광고를 보여 주었다. 반면 사용자들에게 도움이 되지 않는 광고는 순위에서 뒤로 밀어 아예 보이지도 않게 했다. 이는 화면 여기저기서 시도때도 없이 불쑥불쑥 광고가 튀어 나오던 기존의 방식과는 완전히 달랐다. 이후에도 구글의 혁신적인 개발은 이어진다.

1998
구글 설립

2004
지메일Gmail 출시
나스닥 상장 – 주당 85달러로 출발

2005
구글 툴바 출시
구글맵Google Map, 세계 최초의 위성영상
지도 서비스 구글어스Google Earth 출시

2006
유튜브Youtube 인수
저작권이 만료된 도서의 무료 PDF 다운로드 서비스 제공

2007
최초의 휴대기기용 개방형 운영체제,
안드로이드 플랫폼 발표

2008
구글맵 – 미국 5대 도시의 스트리트 뷰 제공
오픈 소스 브라우저, 크롬Chrome 출시

2011
구글 아트 프로젝트 – 전 세계 17개 유명 박물관, 1천여 점 미술품 탐색 가능
안드로이드 4.0을 탑재한 갤럭시 넥서스 GALAXY Nexus 발표 – 삼성전자 합작

2012
구글 최초 태블릿 PC '넥서스7' 출시

2014
구글 무인자동차 시범운전

2015
구글 자회사 딥마인드DeepMind 인공지능 알파고 출시
구글 기업가치 전 세계 1위로 등극

2016
바둑프로그램 '알파고' 개발 – 프로 바둑기사 이세돌에 승리

2013년 5월 구글의 비밀연구소 '구글X'는 '구글 글라스'를 공식 발표하고 시연함으로써 웨어러블 기기(입는 컴퓨터)시대의 개막을 알렸다. 구글 글라스는 사진 촬영과 음성인식을 통한 인터넷 검색도 가능하다. 이

외에도 구글X가 추진해 온 혁신적인 프로젝트는 마치 미래 사회의 상상도와 같다. 가정에서 일상적으로 자동화기기를 사용할 수 있게 하는 안드로이드 앳홈Android@Home, 사람을 엘리베이터로 우주까지 옮겨다 주는 우주 엘리베이터 같은 것들이 그렇다.

기업가치 전 세계 1위로 올라선 구글

구글Google은 2015년 말 기준 전 세계 기업가치 1위로 올라섰다. 구글이 인터넷 시장을 장악할 수 있었던 까닭은 무엇보다도 '사용자 우선'의 시스템이다. 『구글드』에서 저자 올레타K.Auletta는 예시를 들어 설명한다.

"알타비스타에서 '대학'을 검색하면 '대학'이라는 단어가 들어 있는 텍스트를 수없이 보여준다. 사람들이 실제로 그 링크를 사용하는지 평가하거나 가치의 순위를 매기지는 않았다. 동일한 검색에서 구글은 사용자들의 '집단지성'에 의지하여 상위 10개 대학을 보여준다."

이 책에 의하면 래리 페이지는 "시스템은 대체할 수 있지만 사용자는 대체할 수 없습니다."라고 말했다. 래리 페이지와 세르게이 브린은 같은 꿈을 꾸는 다른 성격의 사람들이다. 두 사람이 끊임없는 논쟁으로 생산하는 창조적 스파크는 미래를 움직여 새로운 세상을 만들어 나간다. 이들이 생각해 낸 아이디어들은 하나같이 상식을 파괴하는 파격적인 것들이었다. 구글은 그것을 실행으로 옮겼다. 2016년 올해 3월, 구글 자회사인 딥마인드DeepMind는 인공지능 바둑 프로그램 알파고를 개발해서 우리나라의 바둑 천재 이세돌을 4:1의 성적으로 꺾기도 했다. 인공지능 시대의 본격적인 개막을 세계에 선포한 것이다.

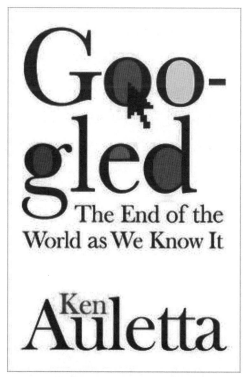

『구글드 – 우리가 알던 세상의 종말』의 영문판

래리 페이지는 자신의 목표를 이렇게 이야기한다.

"우리의 임무는 세계의 정보를 조직화하여 전 인류가 접근하고 사용할 수 있도록 하는 것입니다."

이 목표 달성을 위해 래리 페이지는 '10배의 철학'을 제시한다. 구글의 어원인 '구골googol'은 원래 10의 100제곱을 뜻하는 수다. 그리고 그가 말하는 '10배의 철학'이란 '10% 향상시키기보다 10배를 향상시키라'는 것이다. 이는, '구글이 하는 일은 모두 지금까지 경험한 어떤 것보다 10배 더 위대하고 더 나으며 더 빨라야 한다'는 생각에 근거한다. 래리 페이지와 세르게이 브린의 생각이 제대로 이루어져 간다면 그들이 꿈꾸는 '디지털 유토피아'가 생각보다 빨리 우리 앞에 그 본모습을 드러낼지 모른다.

Genius Thinking

미래를 만들고 창조하라
① 현재를 부수고 미래를 발견하라
② 발견한 미래를 상상하고 만들어라

"당신은 의지의 주인이 되라.

그리고 당신은 양심의 노예가 되라."

– 유대 격언

정보의 독점, 페이팔 마피아

엘론 머스크, 래리 페이지, 세르게이 브린.

이들은 미국 실리콘 밸리에서는 물론 전 세계적으로도 모르는 사람이 없는 IT업계의 최강자들이다. 그런데 이 세 사람의 공통점은 한 가지가 더 있다. 바로 E-메일 결제 시스템 '페이팔'과 관련이 있다는 것이다.

페이팔은 1998년 유대인인 피터 틸과 맥스 레브친이 역시 유대인인 케빈 하트로부터 자금을 지원받아 세운 회사다. 거기에 스티브 잡스 이후로 가장 주목받는 CEO로 꼽히는 엘론 머스크가 1999년부터 합류해 실리콘 밸리에 페이팔 파워를 일으키기 시작한다. 엘론 머스크는 현재 전기자동차 회사인 테슬라, 우주 산업을 현실화하는 스페이스X를 경영하고 있다.

페이팔은 이후 이 결제 시스템을 온라인 쇼핑몰의 대명사 이베이에 15억 달러에 팔았다. 이베이 역시 유대인 경영진이 다수 포진해 있는 회사로서 페이팔의 무한한 가능성을 보고 인수했다.

페이팔을 성공시킨 이들은 이후에도 여전히 자주 모임을 가지면서 새로운 사업에 대한 아이디어를 나누고 가능성이 큰 영역으로 사업을 확장시켜 나가고 있다. 즉 자기들끼리 창업하고, 돕고, 투자하고 있는 것이다. 이들은 남다른 결속력을 유지해 나가고 있어 경제전문지 〈포춘〉은 2007년 이들을 '페이팔 마피아'라고 불렀다. '유대인 창업 마피아'라고 불리기도 한다.

　페이팔 마피아의 멤버들은 다음과 같다.

　이베이의 맥 휘트먼, 세콰이어 캐피탈의 마이클 모리츠, 구글의 래리 페이지와 세르게이 브린, 페이팔의 공동창업자이자 슬라이드 CEO인 맥스 브레친, 페이팔의 공동 창업자이자 클라리움 캐피탈 CEO 피터 틸, 그리고 페이팔 공동 경영자이자 테슬라 회장인 엘론 머스크이다. 여기서 엘론 머스크만 확인되지 않았을 뿐 나머지는 모두 유대인이다.

　페이팔 마피아는 정보를 선점하여 공유하는 것으로 성공을 향한 지름길을 찾아가고 있다. 사업성 있는 분야에 대한 정보, 꼭 필요한 인적 자원에 대한 정보, 어디에 있는 누구를 만나야 하는지를 알려주는 인맥에 대한 정보, 투자 유치에 대한 정보 등을 공유하며 기반을 다진 후 세계 최고의 CEO들이 서로를 지켜봐주며 경영 노하우를 제공해 남들보다 월등한 기업을 만들어 내고 있는 것이다.

"세상에는 너무 지나치게 쓰면 안되는 것이 있다.

빵의 이스트, 소금 그리고 망설임이다."

– 유대 격언

Genius Thinking

02 모든 사람을 연결하라

마크 저커버그

> "내 목표는 단순히 회사를 설립하는 것이 아니라
> 세상에 아주 큰 변화를 가져 올 다른 무언가를 만드는 것이다."

하루에 43억 원을 버는 32세의 마크 저커버그

2016년 9월 미국의 한 경제방송 CNBC에서 세계 부자들의 자산을 일당으로 환산해 봤다. 그때 세계 1위는 페이스북 창업주인 마크 저커버그였다. 일당 약 400만 달러로 하루 평균 43억 원을 버는 셈이었다.

마크 저커버그는 1984년 5월 14일 미국 뉴욕에서 태어났다. 아버지는 치과 의사이고, 어머니는 정신과 의사였다. 부모는 모두 동유럽계 유대인으로, 그는 어린 시절 유대인 교육을 받으며 자랐다. 지금은 개종했지만, 마크 저커버그는 유대인 정체성 판별에 중요한 기준이 되는 성인식 '바르 미츠바Bar Mitzvah'도 치렀다.

저커버그는 어릴 때 아버지로부터 컴퓨터 프로그래밍언어BASIC를 배웠다. 그런데 아들의 엄청난 학습능력에 놀란 부모는 소프트웨어 개발자를 가정교사로 두어 가르쳤다. 당시 가정교사였던 뉴먼은 그를 두고 "한마디로 신동이었다."라고 표현한다.

13세 때는 치과 의사 아버지를 위해 집과 병원을 연결해 환자가 방문하면 알림 소식을 전하는 '저크넷ZuckNet'이라는 소프트웨어 프로그램을 만들었다. 저커버그는 이때를 회상하며 이렇게 말한다.

"무엇인가를 만드는 것은 정말 즐거웠다. 그리고 프로그래밍에 강해지면 더 많은 소프트웨어를 만들어 낼 수 있다는 사실을 깨달았다."

그리고 고등학교 재학 중에는 친구와 함께 음악 재생 프로그램인 '시냅스'를 만들었다. '시냅스'는 개인의 음악 감상 습관을 분석하여 음악을 추천하는 뮤직 플레이어였다. '시냅스'는 온라인에 공개되자마자 바로 화제가 되었고 호평이 쏟아졌다.

그러자 마이크로소프트MicroSoft;MS와 아메리카 온라인America Online;AOL이 시냅스를 100만 달러에 사겠다는 제안을 한다. 하지만 저커버그는 단번에 거절했다. 그리고 그는 2002년 9월 하버드대학에 진학하여 심리학과 컴퓨터 공학을 전공한다.

바르 미츠바 Bar Mizvah

유대인들은 전 세계 어디에 있든 13세가 되면 '바르 미츠바Bar Mitzvah'라는 성인식을 거행한다. 부모를 비롯해 친척과 친지들이 모두 참석하는데 토라와 손목시계를 선물하고 축의금을 낸다. 토라는 종교적으로 신실한 사람이 되라는 의미이며, 손목시계는 시간의 중요성을 항상 새기며 살아가라는 뜻이라고 한다. 가장 관심이 가는 것은 축의금인데 보통의 중산층 가정이라도 이, 삼천만 원 정도는 들어온다고 한다.

이 돈은 학업을 마칠 때까지 적립해 두거나 펀드를 통해 운용하며, 이 과정에서 당사자는 자연스럽게 경제관념을 익히게 된다. 유대인은 일반적으로 23세가 되면 독립하는데 이때쯤이면 보통 상당한 금액의 큰돈으로 불어난다고 한다.

유대인 청년들은 성장하면서 돈을 버는 것이 아니라 불리는 것이라는 사실을 깨닫는다. 왜냐하면 유대인 청년들은 자라 온 시간 동안 처음의 축의금이 어떻게 불어나는지를 몸으로 체감하기 때문이다. 직접 체험한 경험은 금융에 대한 이해도를 높여 함부로 돈을 쓰거나 낭비하지 않게 만든다.

모든 인생의 과정을 통해 체험적으로 가르치고 교훈을 주는 유대인의 우수성은 성인식 하나에도 치밀하게 녹아 있다.

하버드대 학생들만의 배타적 커뮤니티로 시작된 페이스북

그는 대학 기숙사에서 몇 명의 친구들과 함께 하버드대 학생들만 쓸 수 있는 배타적인 커뮤니티, '페이스매시Facemash'를 만든다. 페이스매시는 처음에 토너먼트 방식으로 하버드대 캠퍼스 안에서 최고의 미남 미녀를 뽑는 시스템이었다. 이 프로그램은 순식간에 입소문을 탔다. 하루 만에 450명이 접속했다. 그러자 대학 당국은 페이스매시를 중단시키고 개발자들을 소환했다. 프로그램을 위해 학교 기숙사까지 해킹한 저커버그는 학교로부터 근신 처분을 받는다. 하지만 그는 자신의 생각 자체가 근신 처분을 받아야 한다고는 생각하지 않았다.

페이스매시 구동 화면. 화면에 뜬 두 사람 중 한 명을 고르면 된다.

"사람들은 누구나 연결되고 싶어 하는 심리를 갖고 있다!"

저커버그의 다음 목표는 하버드대학교를 다니는 학생 간의 인적 네트워크를 구축하는 것이었다. 2004년 2월, 저커버그는 하버드대 컴퓨터학과 친구들과 함께 회사를 창업한다. 그리고 동시에 '더페이스북'이라는 이름으로 도메인을 등록한다. 이 네트워크는 처음에 하버드대학교 학생들만 이용 가능했다. 하버드대학교 학생들만 접속할 수 있다는 제한성은 사용자들에게 묘한 우월감을 주었다. 학교 내 동아리나 각종 모임들은 더페이스북을 이용해 홍보를 할 수도 있었고 이를 통해 커뮤니케이션도 가능했다.

더페이스북 접속자는 3주 만에 6천여 명이 넘었다. 3개월 후 접속자가 5만 명을 넘어서자 저커버그는 더페이스북의 서비스 영역을 넓혔다. '아이비리그' 전체로 확대한 것이다. 그리곤 '아이비리그(미국 동부 명문 사립대학교 하버드, 프린스턴, 예일, 브라운, 컬럼비아, 펜실베이니아, 코넬, 다트머스)를 넘어 MIT(매사추세츠 공과대학교), 뉴욕대학교, 스탠퍼드와 UC버클리 대학교까지 서비스 대상을 확대했다. 더페이스북이 생긴 지 4개월 후 학보 〈더크림슨〉은 개발자였던 저커버그를 인터뷰했다.

"하버드 출신은 누구나 직업을 갖고 많은 돈을 벌어요. 그런데 누구나 인맥을 갖는 것은 아니예요. 저는 그것이 돈보다 더 중요한 가치를 지닌 자원이라고 생각합니다."

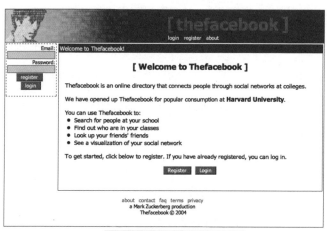

페이스북의 전신인 더페이스북의 화면

"제가 한 일에 가격표를 붙이는 일은 정말 싫습니다.

큰돈이 들어올 수는 있겠지만,

그것은 우리가 지향하는 목표가 아닙니다."

– 마크 저커버그

2004년 여름방학이 시작되자 저커버그는 친구들과 함께 실리콘 밸리와 가까운 팔로알토로 가서 생활하며 더페이스북 개발에 전념했다. 이때 이전부터 SNS 사업에 관심을 두고 있던 숀 파커가 먼저 연락을 취해온다. 숀 파커는 한때 개발자로 이름을 날리기도 했으나 사업에 실패한 경험이 있었다. 저커버그는 숀 파커가 가진 '경험'이 자신에게 도움이 될 거라는 생각에 그를 파트너로 받아들인다.

여름이 끝나갈 무렵 더페이스북의 사용자수는 20만 명을 넘어섰다. 서버 유지 비용만으로 막대한 비용이 들었다. 하지만 저커버그는 방학이 끝나도 학교로 돌아가지 않고 팔로알토에 남았다. 그가 존경하는 빌 게이츠나 스티브 잡스가 모두 대학을 중퇴한 점도 참고했다. 2005년 2월 워싱턴포스트는 더페이스북 지분의 10%를 600만 달러에 사겠다고 제안했다. 비아컴에서는 아예 7천5백만 달러에 매입하겠다고 나섰다. 그러자 벤처캐피탈인 엑셀파트너스는 페이스북을 9천8백만 달러에 평가하고 1천2백7십만 달러를 투자하겠다고 밝힌다. 저커버그는 매각 제안을 모두 거절하고 투자는 받아들인다. 그와 동시에 저커버그는 바로 백만장자의 대열의 올라서게 된다.

페이스북 초기에 거금을 주고 회사를 사겠다는 제안이 쏟아졌지만 저커버그가 모두 거절한 것은 자신이 회사를 직접 경영하려고 했기 때문이다. 그것은 자신의 생각과 꿈을 자신이 직접 구현하려고 하는 그의 신념 때문이었다. 그는 학보 〈더크림슨〉과의 인터뷰에서 자신의 생각을 이렇게 밝혔다.

"저는 제가 한 일에 가격표를 붙이는 일은 정말 싫습니다. 그건 중요한 게 아니니까요."

페이스북 개발자들은 숀 파커를 좋아한 이유도 여기에 있다. 파커는 외부 투자자들과 협상을 할 때 페이스북의 경영에 간섭하지 않는다는 사항을 제1조건으로 내세웠기 때문이다.

2005년 9월에 더페이스북은 서비스를 고등학생에게까지 개방했고, 2006년에는 저커버그 본인이 성인식을 치른 나이인 만 13세 이상까지 가입 영역을 넓혔다. 사용자수는 300만 명을 돌파했고, 서버에 과부하가 걸려 서비스가 중단되는 사고가 일어나기도 했다. 저커버그는 서버 구축과 보강에 전력을 다했다. 사용자가 기하급수적으로 늘어났기 때문이다. 그리고 파커의 조언에 따라 '더페이스북'을 '페이스북'으로 바꾼다. 2006년 야후가 10억 달러라는 거금으로 회사를 사려고 했지만 저커버그는 고민 끝에 결국 제안을 거절했다. 그리고 10년이 지난 2016년 현재 야후는 몰락했지만 페이스북은 세계 최고의 IT기업으로 고속성장하고 있다.

더페이스북의 매수를 시도했던 워싱턴포스트, 비아컴, 엑셀파트너스

"나는 언젠가 우리가 가진 기술을 통해 풍부한 생각 전체를
상대방에게 직접 보낼 수 있게 되리라고 믿는다.
여러분이 뭔가 생각하기만 하면 여러분의 친구들이
즉각 이를 경험할 수 있게 되는 것이다."

– 마크 저커버그

열린 사회에서 공유되는 사생활

2016년 현재 페이스북은 전 세계의 월 사용자 수가 16억 명에 이르는
세계 최대의 소셜 네트워크로 성장했다. 동시 연결 접속 사용자 수로는
구글도 제쳤다. 단기간의 초고속 성장은 얼마나 많은 사람들이 페이스
북을 통해 다른 사람들과 연결되고 싶어 하는가를 증명한다.

마크 저커버그는 일찍부터 사람과 사람의 '연결'의 중요성을 파악했
다. 페이스북은 사람 간의 '연결'로 현대인들의 '과시욕'와 '관음욕'을

동시에 충족시켰다. 이것이 '개인의 사생활'을 전 세계적인 정보망으로 연결시킬 수 있었던 이유다. 페이스북은 개인정보를 모두 공개하는 전략을 선택했다. 다른 소셜네트워크와 차별화한 전략이 성공한 것이다.

이제 전 세계에서 개인은 물론 기업들도 페이스북을 사용한다. 몇 번의 클릭만으로 세계 어디나, 누구에게나 연결될 수 있다. 저커버그는 아직도 더욱 즉각적인 연결과 직관적인 소통을 꿈꾼다. 페이스북은 사람들의 내밀한 사연까지 연결하고 있지만, 저커버그는 아직도 연결에 목말라 하고 있다. 사람들과의 새로운 차원의 연결을 꿈꾸며 자신을 혁신해 가는 천재 저커버그는 이렇게 말한다.

"우리가 새로운 흐름을 만들어 낸 것이 아니라 사회가 마침내 받아들인 것이다."

개인과 세계를 연결하라
① 개인과 개인을 연결하라
② 연결을 세계로 확장하라

```
→   C   🔒 https://www.facebook.com
```

facebook

acebook helps you connect and share with
he people in your life.

"자신이 좋아하는 일을 하고, 가장 존경하는 사람이 있는 곳에서 일하라.

그러면 인생에서 최고의 기회를 얻을 수 있다."

– 워런 버핏

"돈은 악이 아니며 저주도 아니다. 돈은 사람을 축복하는 것이다."

– 유대 격언

Genius Thinking

03 미래의 정보고속도로를 점령하라

래리 엘리슨

"내가 성공하는 것만으로는 충분하지 않다.
다른 모든 사람이 실패해야 한다."

유리 천장이 없는 세계적 기업 오라클의 창업주 래리 엘리슨

세계적인 데이터베이스 기업 오라클의 창업주 래리 엘리슨은 미국 IT 업계의 괴짜이자 악동인 동시에 독설가로 알려져 있다. '실리콘 밸리의 아이언맨'이라고 불리기도 하는 그는 영화 〈아이언맨2〉의 제작을 후원하고 직접 카메오로 등장하기도 했다.

2016년 9월 샌프란시스코에서 '오라클 오픈월드 2016'이 열렸다. 오라클이 매년 개최하는 행사다. 이 자리에서 오라클 CEO인 사프라 캣츠는 이렇게 말했다.

"오라클에 유리 천장은 없다고 생각합니다. 다양성이 있기 때문에 우리의 질주가 가능하다고 봅니다."

이스라엘 이민자 출신인 그녀는 창업자 래리 엘리슨의 뒤를 이어 CEO가 되었으며, 세계에서 가장 많은 연봉을 받은 여성 CEO 가운데 하나다. 〈포브스〉는 그녀를 2016년 세계에서 가장 영향력 있는 여성 경영인 20위로 뽑았다. 그녀는 괴짜 래리 엘리슨의 아이디어와 야망을 현실로 만들어주는 인물로 꼽힌다. 월가의 은행에서 일한 적이 있는 캣츠는 이렇게 말을 잇는다.

"여성들은 어느 조직에서나 앞서나가기 힘들다. 그러나 오라클에선 그렇지 않다. 래리 엘리슨은 내가 누구든, 어디서 왔든 전혀 상관하지 않는다. 그는 오직 아이디어에만 관심이 있고, 자신의 아이디어에 대해 반박하고 싸우면 더 좋아하는 사람이다. 래리 엘리슨은 최고의 아이디어가 결국 승리한다는 신념을 갖고 있다. 그는 어디서든 누구에게든 좋은 아이디어를 얻고자 한다."

현대 정보 전쟁의 사무라이 래리 엘리슨

"계산이 빠른 에고이스트. 협박, 과대선전을 이용한 정치적이며 계략적인 수완으로 사업에 성공을 거뒀으며 적에게는 멸망만으로 부족해서 치욕을 줘야만 했다."

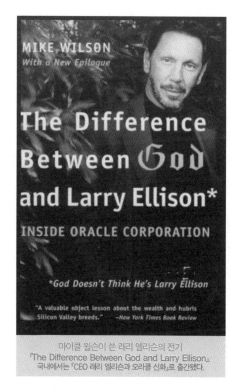

마이클 윌슨이 쓴 래리 엘리슨의 전기
『The Difference Between God and Larry Ellison』.
국내에서는 『CEO 래리 엘리슨과 오라클 신화』로 출간됐다.

래리 엘리슨에 대한 전기를 쓴 마이클 윌슨의 평이다. 엘리슨은 1944년 뉴욕에서 유대인 미혼모에게서 태어났다. 열아홉 살에 불과한 미혼모는 당연히 생활력이 없었고, 엘리슨은 생후 9개월 만에 이모인 릴리안과 그녀의 남편인 루이스의 양자로 입적되었다. 불우한 어린 시절을 보낸 엘리슨은 유대교 교의에 익숙해질 수 없었고, 유대교 성인식인 '바르 미츠바' 역시 받지 않았다. 그는 러시아 성을 버리고 유럽계 이민자들이 최초로 상륙한 에리스 섬의 지명을 따라 스스로 '엘리슨'이라는 성을 붙였다.

원하는 것을 얻으려면 미래를 향해 질문하라!

그는 시카고대학에서 수학과 물리학을 전공했지만 졸업 자격을 박탈 당했다. 프랑스어 시험을 빼먹었기 때문이다. 그리고 실리콘 밸리로 들어가 고생 끝에 프로그래밍 기술을 독학으로 익혔다. 1970년대 초 암펙스라는 회사에서 동료들과 데이터베이스 관리 소프트웨어를 만들려고 했다. 얼마 후 엘리슨은 퇴사한다. 그리고 그는 1977년 '소프트웨어 개발 연구소Software Development Lab'를 창립하였다. 그리고 미국 국방부에서 '오라클'이라는 프로젝트를 주문 받는다.

그즈음 IBM에서 기존의 데이터베이스를 뛰어넘는 혁신적인 관계형 데이터베이스에 관한 보고서가 나온다. 엘리슨은 기회를 놓치지 않고 움켜쥐었다. 그리고 자신이 개발하고 있었던 데이터베이스 소프트웨어 '오라클 2.0'에 도입하여 먼저 세상에 내놓았다. '오라클'은 '신탁 또는 예언자'라는 뜻을 지니고 있는데, 래리슨은 인터넷 시대의 예언자를 꿈꾼 것이다.

거대한 정보를 한군데에 저장하여 교환하는 시스템을 개발한 것이다. 정보의 수집과 가공이 현격하게 쉽고 빨라졌다. 1983년, 오라클3, 4를 연달아 선보이고 회사의 이름도 아예 '오라클ORACLE'로 바꾼다. 오라클은 IBM 시스템뿐 아니라 미니 컴퓨터와 업무용 PC에서도 접속되는 버전까지 개발했다. 모든 종류의 컴퓨터에서 구동할 수 있는 소프트웨어를 만든 것이다. 이것을 계기로 오라클은 IBM의 제품만 거의 독점적으로 사용하던 정부 기관과도 드디어 계약하게 된다.

1990년대에 들어서 시장의 경쟁이 극심해지자 엘리슨은 과장 광고를 하기 시작한다. 그러나 이 전략의 부작용은 즉시 나타났다. 허위 과장 광고를 보고 제품을 구매한 고객들이 대금 지불을 미루거나 환불을 요청하기 시작했다. 이전부터 오라클의 제품은 오류 투성이었는데 여기에 엘리슨의 허위 과장 광고가 불을 붙인 것이다. 당연한 결과로 오라클은 그해, 막대한 손실을 기록했다.

엘리슨은 실수를 인정하고 재빨리 새로운 프로그램 개발에 적극 투자하기 시작한다. 그리고 1992년 6월 오라클7을 출시했고, 오라클7은 수 년만에 데이터베이스 시장을 점령했다. 포커 게임에서 지고 나서 다음 패에 내기 돈을 두 배로 거는 엘리슨 특유의 방식이었다.

그러나 오라클의 위기는 끝난 것이 아니었다. 1995년 마이크로소프트사의 '윈도우 1.0'이 출시된 것이다. 이 공룡은 빠른 속도로 세계의 개인용 컴퓨터 소프트웨어 시장을 평정해 나갔다. 누구나 몇 년만 지나면 '윈도우' 천하로 변할 것이라고 예측했다. 그러나 래리 엘리슨은 이렇게 반박했다.

"지금은 빌 게이츠의 PC시대가 아닌 정보화 시대의 새벽이다."

그는 모두가 인정하는 마이크로소프트 시대의 서막에 반기를 든 것이었다. 엘리슨은 그때 컴퓨터 네트워크를 점령하려는 생각을 가지고 있었다.

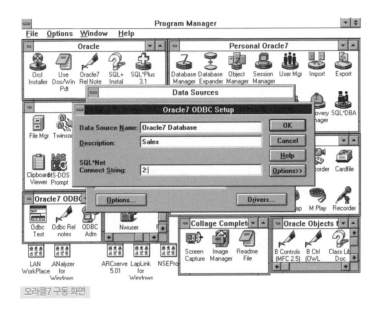

오라클7 구동 화면

당시 인터넷의 본격화와 함께 닷컴 기업들이 우후죽순처럼 생겨났다. 엘리슨은 재빨리 인터넷을 통한 사업정보처리 시스템의 선두 자리를 점령했다. 그리고 지금까지도 개인용 컴퓨터의 소프트웨어는 마이크로소프트가 장악하고 있으나 군, 정부기관, 사업자와 같은 대규모 조직들의 컴퓨터 소프트웨어는 대부분 오라클의 소프트웨어가 독점하고 있다. 대량의 데이터베이스를 처리하는 데는 마이크로소프트보다 오라클의 시스템이 적격이기 때문이다.

기행과 독설로 유명한 래리 엘리슨은 간혹 '대형사고'를 치기도 한다. 2000년 5월, ACT라는 회사 근처에 사립탐정 하나가 은밀히 나타났다. ACT는 독점금지법 재판과 관련하여 마이크로소프트를 돕고 있던 회사였다. 사립탐정은 건물 청소부들에게 ACT 건물의 쓰레기를 가져다 주면 '큰돈'을 주겠다고 제의했다. 그러나 청소부들은 사립탐정에게 쓰레기를 가져다 주지 않고, 오히려 ACT에 사립탐정의 제안내용을 알렸다. 즉시 언론이 추적에 나섰고, 배후 인물이 오라클사의 최고경영자 래리 엘리슨이라는 사실이 밝혀졌다.

이 사건에 주목하고 있던 사람들은 경악했다. 거의 산업 스파이나 다름 없는 행동이었기 때문이다. 당시 MS 대변인, 그렉 쇼우는 "스파이 행위보다 더 가증스럽게 느껴지는 것은 자신이 한 행동을 정당화하려고 하는 것이다."라고 맹렬히 비난했다. 오라클은 사실이 아니라고 해명했다. 그러나 이 일은 결국 경쟁에서 이기기 위해서라면 어떤 방법도 마다하지 않는 래리 엘리슨의 전형적인 특성이 드러난 사건이다.

무언가에 미친 자가 결국 세상을 바꾼다

엘리슨의 오라클은 초창기에 컴퓨터업계의 거인 IBM에게 상대가 되지 않았다. 그러나 이제는 경쟁을 넘어 오히려 능가하는 위치에 올랐다. 엘리슨은 특유의 독설적인 화법으로 경쟁심을 직접 표현하는 것을 전혀 두려워하지 않는다. 오라클 직원들 역시 엘리슨을 두고 '사무라이'

라고 부르기도 한다. 표면적으로는 그가 일본 문화를 좋아하기 때문이지만 사실 엘리슨이 사무라이라 불리는 진짜 이유는 성격 때문이다.

엘리슨은 "일생 60여 차례의 결투에서 단 한 번도 져본 적이 없는 검술가이자 서화에도 능했던 미야모토 무사시로부터 많은 영감을 받았다."고 말한다. 이렇듯 수단과 방법을 가리지 않고 목표를 이루려는 집념과 어떠한 경쟁도 두려워하지 않는 승부사의 방식이 오늘의 그를 만든 것이다. '무사시Musashi'라는 이름의 요트도 소유하고 있는 그는 검객처럼 상대의 허를 찌르기를 좋아하고, 선두 기업에겐 대담하게 승부를 건다. 래리 엘리슨은 오라클의 가능성에 대해 한 치의 의심도 없다.

"우리 오라클은 거대하다. 우리는 이런 일을 할 만한 사이즈와 두뇌, 파워를 가지고 있다. 다른 어떤 회사도 우리를 따라올 수 없을 것이다."

2천 년 전 진시황은 중국 천하를 통일하면서 도량형을 맞추고 16차선 도로를 만들어 전국을 단일체제로 지배했다. 진시황과 달리 21세기 오라클의 래리 엘리슨은 전 세계의 정보고속도로를 점령하고자 꿈꾼다. 지상의 도로에는 구획과 경계가 있지만 소프트웨어로 연결되는 현대의 정보 세상에는 아무런 제한이 없다는 사실을 일찌감치 깨달았기 때문이다. 때문에 무제한의 정보 세상에서 그에게 중요한 것은 국경을 초월하여 미래로 향하는 전략과 비전이다.

'오라클 오픈월드 2016' 행사에서 CEO 사프라 캣츠는 인터뷰 말미에 이렇게 덧붙였다.

"래리 엘리슨은 평범한 사람은 볼 수 없는 그 이상을 본다. 초창기 IBM과 경쟁한다는 목표를 설정했을 때 다들 그를 미치광이로 바라보았지만 그는 결국 불가능을 가능으로 만들었다. 그는 미래를 향한 비전을 갖고 있으며, 고정된 틀에 갇혀 있지 않는다."

고정된 틀을 탈피한 미래 비전이 실리콘 밸리의 악동이라 불리는 래리 엘리슨을 현대 정보기술IT 시대의 주인으로 군림하게 하는 것이다.

Genius Thinking

길을 먼저 지배하는 자가 세계를 지배한다
① 컴퓨터 소프트웨어 시대의 표준을 장악하라
② 선두주자에게 승부를 걸고 새로운 독점을 만들어라

"양쪽 귀를 거리로 기울여라."

– 유대 격언

Genius Thinking

04 중요한 정보를 장악하라
로스차일드

"정보가 곧 돈이다. 정보의 안테나를 세워라."

빌 게이츠는 90조, 로스차일드 가문은 5경

2016년 현재 세계 제일의 부자는 빌 게이츠다. 23년째 부동의 1위다. 미국 경제잡지 〈포브스〉가 2016년 10월 발표한 부자 리스트에서 그의 재산은 810억 달러(약 90조 원)다. 2015년보다 50억 달러가 늘어났다.

빌 게이츠 이야기를 꺼낸 이유는 로스차일드 집안 때문이다. 2008년

한국에서도 베스트셀러가 되었던 『화폐전쟁』의 저자 쑹훙빙은 로스차일드 가문의 재산을 50조 달러로 추정한다. 우리 돈으로 환산하면 5경이 넘는 금액이다. 빌 게이츠 재산의 500배를 훌쩍 넘는다. 이게 사실이라면 로스차일드 가문은 인류 역사상 제일의 부자다. 그러나 〈포브스〉가 평가한 로스차일드 가문의 현재 재산은 15억 달러밖에 안된다. 세계 부자 순위 100위 안에도 들지 못한다.

하지만 로스차일드의 재산 규모가 5경이냐 아니냐는 중요하지 않다. 게다가 로스차일드의 재산은 가문이 생긴 이래 기밀사항이었다. 1대 마이어 암셀 로스차일드의 유언 가운데 핵심이 재산을 절대 외부에 공개하지 말라는 조항이었다. 때문에 수백 년이 지난 지금 그들의 재산을 정확히 파악하는 것은 불가능하다. 그러나 19세기와 20세기 초까지만 해도 로스차일드 가문이 전 세계 금융 재산의 반 이상을 실질적으로 지배한 사실은 역사적으로 증명되고 있다. 그리고 무엇보다 중요한 건 그들이 어떻게 그 자리에 올랐느냐다.

영국 국채를 하루 만에 집어삼킨 나단 로스차일드

1815년 6월 20일, 영국 런던의 증권거래소에 풍채 좋은 신사가 들어왔다. 증권거래소 안의 시선이 모두 그에게 쏠렸다. 신사는 자신이 늘 머물던 기둥 앞의 자리로 천천히 걸어갔다. 그리고 자신의 회사 직원들을 쳐다보았다. 한참 전부터 기다리던 직원들은 그의 표정에서 무언가를 읽은 듯 회사가 보유하고 있던 국채를 일제히 팔기 시작했다.

증권거래소에 있던 모든 사람들은 이 움직임을 신호로 덩달아 국채를 내다 팔았다. 영국 국채의 가격은 쏟아지는 우박처럼 순식간에 폭락했다. 소문을 듣고 사람들은 여기저기서 도미노처럼 무너지듯 국채를 팔아 치웠다. 투매광풍은 사방으로 번지고, 국채는 점점 휴지 조각으로 변해갔다. 풍채 좋은 신사의 이름은 나단 로스차일드였고, 그는 영국 증권거래소의 큰손이었다.

이윽고 국채가 더이상 떨어질 데가 없게 되었을 때, 이번에는 반대로 나단 회사의 직원들이 맹렬한 속도로 국채를 사들였다. 다른 사람들이 따라 하기에는 너무 늦었지만, 나단 로스차일드 회사의 직원들은 미친 듯이 매수를 계속했다.

워털루 전투의 결과로 운명이 결정된 영국 국채

그 당시 영국을 비롯해 유럽은 역사적으로 격랑의 시대였다. 나폴레옹은 유럽 연합군에게 패퇴한 뒤 엘바 섬에 귀양가 있다가, 1815년 2월 탈출하여 단기간에 파리로 입성했다. 그리고 프랑스 농민과 공화주의자들의 지지를 받으며 다시 권력을 장악했다. 하지만 절대적으로 불리한 전세를 뒤집기 위해 나폴레옹은 유럽 연합군을 초전에 박살 내고자 했다. 그래서 6월 18일, 벨기에 남동쪽 워털루에서 나폴레옹이 이끄는 프랑스 군대와 영국의 웰링턴 장군이 지휘하는 연합군이 유럽의 운명을 걸고 결전을 벌였다. 이 전투의 결과에 따라 유럽 각국의 정치적 운명이 달라지는 상황이었다.

워털루 전투의 승패는 영국이 발행한 국채의 운명도 좌우했다. 나폴레옹이 이기면 국채는 휴지로 변하고, 웰링턴 장군이 승리하면 금이 되는 순간이었다. 그런데 워털루 전투 이전까지 런던으로 들어오는 정보는 대부분 영국이 불리하다는 소식이었다.

불확실한 정보가 난무하자 런던의 증권거래소는 태풍의 눈과 같은 긴장 상태였다. 바로 그때 나단 로스차일드는 그 태풍의 눈을 짓밟으면서 하루 만에 영국 채권의 최대 지배자로 등극한 것이다. 시간이 흘러 '워털루 전투 대승'이라는 정부군의 소식이 거래소에 전해졌을 때는 벌써 태풍이 모두 휩쓸고 지나간 후였다.

나단은 로스차일드 집안의 막강한 정보망으로 순식간에 영국 채권의 대부분을 집어삼켰다. 연구자에 따라 나단의 '국채 매집 사건'을 과장된 픽션으로 보기도 한다. 그러나 그들 누구도 로스차일드 가문의 '정보력'을 무시하지는 못한다. '정보를 선점하고 장악하는 로스차일드 가문의 힘'은 수백 년간 이어 오는 그들의 전통이다. 그렇다면 로스차일드는 어떻게 정규군은 물론 정부를 비롯한 어떤 소식통보다도 먼저 '워털루 전투의 승전보'를 알 수 있었던 것일까? 이를 위해서는 나단의 아버지 1대 로스차일드, 마이어 암셀로 거슬러 올라가야 한다.

빌헬름 황태자의 재산관리인이 된 마이어 암셀 로스차일드

나단의 아버지 마이어 암셀은 1743년생으로 프랑크푸르트에서 태어났다. 독일의 문호 괴테의 부유한 집에서 가까웠지만 유대인들만 모여 사는 빈민가였다. 하지만 어려서부터 총명해 아버지는 열 살의 그를 랍비 양성학교에 보냈다. 유대인에게 랍비가 되는 것은 최고의 영광이었다. 그러나 불행하게도 아버지가 일찍 사망한다. 학교를 그만둘 수밖에 없었던 마이어는 은행에 견습생으로 들어간다. 랍비 교육으로 단련된 마이어는 은행일을 하면서 금융 거래의 본질을 파악해 나갔다. 그는 남보다 일찍 승진했다. 여기서 마이어 암셀은 세계 최대의 금융 왕국 로스차일드 가문의 첫 발자국을 찍어 나간다.

스무 살이 된 마이어는 고향 프랑크푸르트로 돌아와 아버지가 하던 가업을 잇는다. 고물상 겸 골동품상이었다. 독일 내 여러 작은 나라들이 서로 다른 화폐를 쓰는 것에 착안해 환전 사업도 병행했다. 국가에서 통용되는 다양한 화폐를 교환하는 초보적인 환전업이자 은행업이었다. 그러다 마이어는 귀족들이 옛날 동전을 모으는 취미가 있다는 정보를 듣는다. 그는 자신이 모아 둔 옛날 동전의 목록을 카탈로그로 만들어 보냈다. 옛날 동전에 관심이 없는 이들에게 헐값에 사서 원하는 귀족에겐 금값으로 팔았다.

마이어 암셀 로스차일드 Mayer Amschel Rothschild

바로 이때 마이어에게 인생 최대의 기회가 온다. 옛날 화폐와 동전 수집에 취미를 갖고 있던 빌헬름 황태자의 눈에 든 것이다. 빌헬름 황태자는 당시 유럽 최고의 부자였다. 다른 왕족들이 빚에 허덕일 때 빌헬름 황태자는 용병으로 장사를 해서 부를 쌓았다. 마이어는 빌헬름 황태자에겐 턱없이 싼값에 옛날 동전을 팔았다. 마이어는 점점 더 빌헬름 황태자와 친해졌다.

황태자 빌헬름에게는 용병을 빌려준 대가로 받은 채권이 있었다. 빌헬름은 재무관을 통해 그 채권을 현금화시키려고 했는데, 이때 마이어가 능력을 발휘한다. 이 일을 계기로 빌헬름 황태자와 마이어는 더욱 급속히 가까워진다. 황태자는 물론이고 그 재무관의 총애까지 받으며 바야흐로 동업자의 관계가 된다. 1769년 드디어 마이어는 국가의 비호를 받는 '궁정상인'이 되어 국가 재정에도 관여한다.

200년 전 초국가적 금융 정보망을 구축했던 로스차일드 집안

마이어에게는 운수대통으로 1785년, 빌헬름 황태자가 빌헬름 9세로 즉위한다. 이제 황제의 재산 관리인이 된 것이다. 마이어는 당시 영국에서 산업혁명으로 섬유가 마구 쏟아져 나오고 있고, 독일에서는 면제품 가격이 급등한다는 정보를 입수했다. 이 정보를 주목한 로스차일드는 빌헬름 9세가 영국에서 용병 대금으로 받은 수표로 영국에서 면제품을 사들여 독일에 팔아 이익을 남겼다. 게다가 차익까지 생겨 재산은 눈덩이처럼 불어났다.

1806년에는 빌헬름 9세가 나폴레옹 군대를 피해 덴마크로 피신을 가게 된다. 마이어는 빌헬름 9세의 재산을 맡았는데 나폴레옹의 수색이 시작되자 빌헬름 9세의 재산을 정원에 묻고 자신의 재산은 그대로 둔다. 나폴레옹 군대는 마이어의 돈을 보고 빌헬름 9세의 재산까지 찾을 생각은 하지 못했다. 마이어는 자신의 작은 재산을 미끼로 빌헬름 9세의 큰 재산을 지킨 것이다. 나폴레옹 군이 물러가고 빌헬름 9세가 돌아왔을 때 마이어는 그의 재산에다 이자를 더해 돌려주려고 했다. 그러나 빌헬름 9세는 고마운 마음에 아예 돈을 통째로 맡긴다. 이 사건을 계기로 마이어 암셀은 유럽 각국으로 금융 거래를 할 수 있는 권리까지 갖게 된다.

마이어 앞에 펼쳐진 시대는 산업혁명이 물결치는 세상이었다. 그는 산업혁명으로 국내에는 대자본이 필요하고, 국제적으로는 무역 증가에 따른 대금 결제 시스템이 필요하다는 사실을 깨달았다. 5남5녀를 두었던 마이어는 19세기 초 다섯 아들을 유럽 5대 도시로 보낸다. 그리고 결제 은행을 세우도록 한다. 프랑크푸르트, 빈, 런던, 나폴리, 파리에 세운 은행의 이름은 '로스차일드 상회'였고 이는 메디치가家 이후 최대의 민간 다국적 은행이었다.

그리고 무엇보다도 마이어는 로스차일드 집안 다섯 형제를 통해 국경을 넘는 긴밀한 정보의 협력관계를 만들었다. 심혈을 기울여 개인의 힘을 넘어서는 집단적 네트워크를 구축한 것이다.

그들은 별다른 통신 수단이 없을 때부터 벌써 국가 정보 전달 네트워크 체제를 만들었다. 국가를 연결하는 해상수단과 국가 내의 신속한 마차 이동 그리고 훈련된 비둘기(전서구)와 암호로 된 편지를 기반으로 하는 '정보수송 네트워크'를 완비했다. 당시로서는 국가보다 더 뛰어나고 빠른 정보망이었다. 유럽의 넓은 지역을 신속하게 연결하는 정보 네트워크를 확보한 것이다.

유럽에서 국경을 초월한 EU 단일시장이 태동한 것은 로스차일드 가문이 그와 같은 네트워크를 구축하고부터 200년이 지난 시점이었다. 로스차일드는 이미 200년 전에 현대적인 국제 정보 금융 시스템을 창출하고 활용했던 것이다.

화폐 발행을 주도하고 세계 금융을 장악한 로스차일드

로스차일드 일가는 전 세계의 부를 점령해 갔다. 1833년 그들이 장악한 영란은행을 통해 금 본위제를 채택했다. 자연스럽게 세계 금시장을 주도하게 되었고 로스차일드는 돈으로 세상을 지배할 수 있다는 사실을 체감하게 된다.

영국의 중앙은행인 영란은행

로스차일드 일가는 전 세계에서 쏟아지는 정보를 서로 공유하고 통합하여 자신들에게 유리한 현실을 만들었다. 로스차일드의 재력은 대부분 정보력에서 나왔다. 이는 초대 가주였던 마이어 암셀 로스차일드의 사고방식으로부터 비롯된 것이다. 랍비 교육을 받았던 마이어는 그 자신이 수많은 정보를 통합해 현실에서 쓸모 있게 쓰기 위한 생각을 펼쳤다.

이러한 사고방식은 로스차일드를 세계에 우뚝 세운 다섯 아들들에게 그대로 전해졌다. 로스차일드 가문은 이후 유럽을 넘어 미국까지 진출해서 세계의 금융을 지배하게 된다. '정보가 돈이고 생명줄이고 모든 것'이라는 1대 가주 마이어의 '생각'이 로스차일드 가문을 세계의 금융 재벌로 만든 것이다.

Genius Thinking

이 세상을 지배하는 것은 '정보'다
① 세상의 중심으로 가는 정보의 끈을 선점하라
② 남보다 빠르게 선점한 정보로 네트워크를 만들어라

"정보를 얻을 때는 신속하라. 사람은 주로 정보를 들으며 살아간다.

우리가 볼 수 있는 것은 적다. 우리는 진리와 믿음에 산다.

그러나 우리의 귀는 진리의 곁문이고 거짓말의 대문이다.

진리는 대부분 눈으로 목격되는 것이지 들리는 경우는 예외다.

진리가 순수하게 왜곡되지 않고 우리에게 도달하는 경우는 드물다.

오는 길이 멀 때는 더욱 그렇다.

그것이 지나가는 곳마다 항상 흥분과 감정에 오염된다.

이 점에 있어 우리는 모든 주의를 기울여야 한다.

사실을 전달하는 자의 의도를 밝혀

그가 내딛는 걸음보다 한 발 앞서기 위해서."

– 로스차일드

유대인들의 지도자, 랍비

랍비 모쉐 파인스타인Moshe Feinstein 1895-1986

랍비는 '나의 선생님' 혹은 '나의 주인님'이라는 뜻의 히브리어다. 유대교의 지도자들을 랍비라고 부른다. 토라라고 알려진 구약과 탈무드에 대한 공부를 마쳐야 랍비가 될 수 있다. 이들은 종교행사와 각종 의식을 주재하며 교육, 구제, 봉사활동에도 적극 참여한다.

대부분의 랍비들은 수공업자, 대장장이, 도예업자, 농부, 상인, 재봉사 등을 하며 일반 사람들과 똑같이 생활의 중압감을 안고 살아간다. 그러나 학문을 좋아하는 호기심을 바탕으로, 오늘날 우리가 세속의 일로 여기는 것에도 관심을 가지고 연구를 한다. 그들은 그런 삶의 경험을 토대로 인생의 여러 문제들을 해결해주는 역할을 한다.

랍비들이 세속의 과학적인 일이나 연구에 관여하는 것은 토라 해석의 성과를 높여 응용하고 싶었기 때문만은 아니었다. '온갖 지식은 신의 위대함을 나타내는 계시이고, 신이 창조한 우주를 아름다움과 경이로 충만케 한 증거이다.'라고 생각했기 때문이다.

유대인에 대한 박해가 심화되던 18세기 이후 유럽 랍비들은 다양한 언어에 대한 지식, 다문화 경험에 기초한 국제적 행동력을 구비해야 했다. 아울러 히브리어, 이디시어, 독일어, 폴란드어, 러시아어, 라틴어, 영어, 프랑스어 등의 지식은 최고 수준의 랍비가 갖추어야 할 기본적인 것이었다. 따라서 어렸을 때부터 랍비 교육을 받는다는 것은 고유의 히브리적 전통을 계승함과 아울러 '국제적 네트워크'를 활용해 세계에 대한 치밀한 이해를 갖춘 국제적 인물의 되는 지름길이라 여겨졌다.

유대인 교육의 핵심은 얼마나 많은 지식을 알고 있는가 혹은 어느 곳에서 공부했는가에 있는 것이 아니라 논쟁과 대화를 통해 모든 유대인들이 각자 차별화된 '개성적 사고법'을 갖는 데에 있다.

전 세계적으로 큰 업적을 남긴 유대계 철학자 중에는 어린 시절 랍비 교육을 받은 사람이 많다. 랍비 출신으로 프랑스 철학계는 물론 근대 사회학의 기반을 마련한 에밀 뒤르켐과 해체주의 철학 사조를 대변하는 자크 데리다의 텍스트 속에는 탈무드의 가르침이 부분적으로 포함되어 있다. 유대계 국제지식인 칼 마르크스, 프로이트, 아인슈타인의 출현에 막대한 영향을 미친 것으로 평가되는 스피노자 역시 랍비 교육을 받은 인물로 유명하다.

1. 가문의 요직은 반드시 가문 내부에서 맡아야 한다.

또한 남자가 그 책임을 맡는다.

2. 사촌이나 집안끼리 결혼함으로써 재산의 외부 유출을 막아라.

3. 재산 상황을 결코 외부에 공개하지 말라.

4. 재산 상속을 할 경우 변호사를 개입시키지 말라.

5. 장자가 대를 잇게 하고, 가족들이 만장일치로 동의하는 경우

그 다음 아들로 후계자를 지명하라.

유서 내용을 위반한 자는 재산 상속권 일체를 박탈한다.

– 마이어 암셸 로스차일드의 유언

05 장악한 정보로 영속하라
로스차일드

"팀워크처럼 중요한 것도 없다. 조직의 단결에 최선을 다하라."

화살 한 개는 꺾이지만 화살 다발은 꺾이지 않는다
"너희들 중 이 화살 다발을 꺾을 수 있는 사람이 있느냐?"

기원전 6~3세기 경 활약한 유목 민족인 스키타이 왕국의 왕은 죽기 전 자식들을 모아 놓고 이렇게 물었다. 자식들은 저마다 온 힘을 다해서 화살 다발을 꺾으려고 했다. 그러나 아무도 꺾지 못했다. 멀쩡한 화살 다발을 앞에 두고 자식들이 둘러앉았다. 잠시 뒤 왕은 다발에서 화살을 하나씩 빼내 한 손으로 부러뜨렸다.

"이 화살 다발처럼 너희들이 하나로 뭉치면 강력한 힘을 발휘할 수 있을 것이다. 그러나 만약 결속이 무너지면 그 힘을 잃고 번영도 사라질 것이다."

로스차일드의 1대 가주 마이어 암셀이 1812년 죽기 전에 그의 자식들에게 남긴 말이다. 암셀, 잘로몬, 나단, 칼, 제임스 다섯 형제는 아버지의 유언에 따라 굳게 결속해 유럽에서 최대, 최강의 금융 왕국을 건설해 나갔다. 로스차일드 가문의 문장은 끈으로 묶인 다섯 개의 화살이 그려진 방패다. 21세기 오늘날에도, 런던에 있는 로스차일드 집안의 은행에는 일가의 결속을 나타내는 '다섯 개의 화살'이 그려진 방패가 장식되어 있다. 그 일가의 번성을 나타내는 것이다.

로스차일드 다섯 형제와 로스차일드 가문의 문양

다섯 아들을 유럽 각국으로 보낸 마이어 암셀 로스차일드

마이어는 일찍부터 다섯 형제를 엄격한 유대 교육 과정 속에서 상인으로 키워 나갔다. 그리고 나이가 들자 각각 독일 프랑크푸르트, 오스트리아 빈, 영국 런던, 이탈리아 나폴리, 프랑스 파리로 보냈다. 활시위를 떠난 다섯 개의 화살처럼 로스차일드 가문의 다섯 형제는 프랑크푸르트를 근거지로 총 다섯 개의 도시에 각각 거점을 구축했다.

그리고 다섯 형제는 각각 은행을 설립했다. 금융 시스템이 구축된 근대 최초의 거대한 국제 결제소였다. 이 시기부터 이미 로스차일드는 서로 긴밀하게 정보를 교환했다. 이것은 또한 전쟁을 비롯한 변화와 격동의 소용돌이 속에서 유대인 가문의 안전을 지키기 위한 끈이었다. 로스차일드 가문에서 그들의 정보망은 생명과 동일한 존재였다. 로스차일드는 다섯 형제의 견고한 협력 체제 아래서 19세기 유럽 최강의 금융세력으로 성장해 갔다.

막강한 정보 시스템으로 유럽의 재산을 장악해 가다

1805년 12월 나폴레옹이 아우스터리츠 전투에서 오스트리아 군을 격파했다는 소식을 가장 먼저 안 것은 로스차일드 형제였다. 형제들은 전 세계에서 오스트리아 채권과 주식을 싼 값에 팔았다. 그리고 사람들이 뒤늦게 오스트리아의 패전을 알고 너도나도 팔려고 들 때 값이 폭락하면 다시 사들였다.

1806년, 셋째 아들 나단은 아버지로부터 영국 유가증권에 대한 투자를 일임 받는다. 그리곤 빌헬름 9세에게 전쟁때문에 값이 떨어지고 있는 영국 공채에 투자하기를 권한다. 빌헬름 9세는 그 제안을 받아들여 나단에게 돈을 맡기고 구매를 부탁한다. 그때 나단은 빌헬름의 돈을 이용해 과감한 단기 투자를 감행한다. 과감한 투자로 얻은 이익으로 나단은 본래 예상보다 더 떨어진 공채를 구매할 수 있었다. 이 일로 그는 빌헬름 9세로부터 절대적인 신임을 얻는다.

한편 다음 해, 나단은 나폴레옹과 비밀리에 만나 협약을 맺는다. 로스차일드가 나폴레옹에게 스페인 침공 자금을 대는 조건으로 스페인의 금을 갖겠다는 내용이었다. 그는 스페인의 금을 반출해 막대한 이익을 얻는다. 이후 나단은 본격적으로 금괴 시장에 뛰어든다. 그는 들어갈 때와 나올 때를 본능적으로 감지하며, 시장의 흐름을 정확히 읽었다. 사실이는 다섯 형제 모두가 가진 특성으로, 아버지 대부터 훈련된 것이다.

이스라엘 건국의 구세주로 불리는 에드몽 로스차일드 이야기

제임스 로스차일드의 막내 아들 에드몽 로스차일드는 막대한 자금을 기부하여 팔레스타인 땅을 구입한다. 이스라엘 초대 총리인 다비드 벤구리온은 그에 대해 이렇게 말한다.

"유대인이 유랑민으로 지낸 2천 년 세월 동안, 에드몽 로스차일드에 버금가는 또는 그와 비교될 만한 인물을 발견하는 것은 도저히 불가능하다."

"아무리 훌륭한 쇠사슬이더라도 고리 하나만 끊어지면 쓸모없게 된다."

- 유대 속담

유럽을 지배하는 가공할 위력의 로스차일드 정보 네트워크

로스차일드 가문의 형제들이 격동하는 세상에서 정보 전쟁의 승자가 될 수 있었던 이유는 크게 두 가지다. 우선 아버지 마이어 암셀로부터 물려받아 훈련된 재능과 젊은 시절부터 현장에서 뛰며 익힌 감각이다. 그리고 또 하나는 무엇보다 랍비를 비롯해 유럽 각국으로 연결된 유대 커뮤니티로부터 정보를 수집하고 분석하여 흐름을 정확히 읽을 수 있었기 때문이다.

마이어 암셀은 어릴 적 랍비 학교를 다녔다. 덕분에 랍비를 주축으로 한 유대인 커뮤니티에서 도움을 받을 수 있었다. 로스차일드 가문은 초기에는 그들이 속한 유대인 커뮤니티를 철저히 활용하였고, 나중에는 가문의 자체적인 네트워크를 완벽히 구축했다. 로스차일드 다섯 형제는 어릴 적 나폴레옹 군의 점령 기간 동안 군의 눈을 피해 마차를 타고 사방팔방 누비면서 빌헬름 9세의 채권을 회수한 적이 있다. 당시 나폴레옹 군은 빌헬름 9세의 숨은 재산과 채권들을 찾아내려고 혈안이 되어 있었는데, 다섯 형제가 목숨을 걸고 발로 뛰어 빌헬름 9세의 채권을 모두 회수한 것이다.

이 경험을 거울삼아 이들은 유럽 전체를 커버하는 '정보 네트워크'를 만들었다. 그리고 유기적으로 정보를 주고받았다. 이들은 보안 유지를 위해 자신들만의 암호를 만들었고, 원거리 통신은 훈련된 비둘기를 사

용했다. 날씨 때문에 비둘기를 날리기 힘들 때는 배를 띄웠다. 당시 로스차일드 집안은 영국과 프랑스를 가로막는 도버 해협에 자가용 쾌속선을 여러 척 대기시켜 놓았다. 로스차일드 쾌속선은 악천후에도 기꺼이 바다를 항해했다. 신속한 정보를 위해서라면 로스차일드 사람들은 몇 배의 돈이라도 지불했다. 로스차일드의 파발마는 어느 파발마보다 빨리 전 유럽을 누비고 다니며 독자적인 정보망을 건설했다.

영국과 프랑스를 가로지르는 도버 해협

무엇보다 중요한 것은 가족간의 일치단결

24시간 로스차일드를 위해 대기하는 마차와 배, 그리고 훈련된 비둘기는 남들이 아무리 빨라도 닷새 걸리는 길을 나흘로 앞당기는 신속함을 자랑했다. 겨우 하루의 차이였지만, 당시에서 잔혹한 승부를 결정짓기에 충분한 시간이었다.

로스차일드의 네트워크는 가공할 만한 위력을 발휘했다. 로스차일드는 이 네트워크를 활용하여 정부와 금융계의 동향은 물론 중요한 정보는 무엇이든 먼저 알 수 있었다. 또한 전 세계에 흩어져 있는 형제 중 하나가 손해를 보았다는 소식이 들리면 다른 형제들이 재빨리 움직여 그 손해를 만회했다. 영국에서 추진하던 철도 사업이 잘못되면 오스트리아와 프랑스에 철도 건설을 추진했다. 또한 이들은 정보 네트워크를 활용해서 유럽 전체의 필요를 충족시키기도 했다. 한 곳의 공산품 가격이 폭등하면 다른 나라에서 싼값에 사들이거나 밀수하여 공급했다.

이렇듯 로스차일드는 전 세계를 연결하는 네트워크를 활용했다. 이는 한 국가의 경제에 기대 부를 쌓아왔던 다른 부자들과는 차원이 달랐다. 이탈리아의 메디치 가문, 미국의 록펠러 가문과는 달리 독일 프랑크푸르트를 본가로 하되 영국, 프랑스, 오스트리아, 이탈리아 등에 진출하여 글로벌 금융제국을 구축했다. 이들은 세계 어디에나 손을 뻗었다. 20세기 초 고고학계 세기의 발견이었던 투탕카멘의 무덤 발굴, 최초의 고체 화약이었던 다이너마이트의 발명에도 로스차일드의 가문의 자본이 닿아 있었다.

로스차일드 가문의 2대 가주로 유럽 금융을 실질적으로 지배한 나단 로스차일드는 59세에 사망했다. 조금 이른 나이였다. 1836년 그는 자식들에게 이런 유언을 남겼다.

"이제는 세상이 우리의 돈을 빼앗으려고 할 것이므로 예전보다 더 긴 장해야 한다. …… 무엇보다 중요한 것은 너희들이 일치단결해야 한다는 사실이다."

초대 가주 마이어의 유언으로 집안 형제들 간의 결혼을 이어갔지만 유전병으로 인해 젊은 나이에 사망하는 사람들이 많아졌다. 그래서 유언 일부를 바꾸어 외부인과도 결혼은 했지만 그들은 지금도 단단한 결속력을 보이고 있다. 그들은 초대 가주 마이어와 2대 가주 나단 로스차일드의 유언을 충실히 받들면서 재산을 세상에 공개하지 않고, 전 세계 각지에서 지금도 부를 축적하고 있다.

나단 로스차일드Nathan Mayer Rothschild 1777-1836

1901년 프랑크푸르트 본가는 사라졌으나 로스차일드는 2007년에 스위스에 또 하나의 본거지를 마련했다. 게다가 로스차일드는 1998년 IMF로 혼란스럽던 대한민국에도 진출해서 금융의 과실을 챙겼다. 로스차일드는 구조조정 중인 한라그룹에 자금을 대고 단기간에 큰 이익을 거두었다.

세계 어느 나라든 상관없이 그들에게 '위기 속에 존재하는 정보는 언제나 돈버는 기회'인 것이다. 때문에 이들은 지금도 '한 국가의 로스차일드'가 아니라 '세계의 로스차일드'로 활동하면서, 타의추종을 불허하는 불멸의 슈퍼리치로 존재한다. 그 힘의 원천은 두말할 나위 없이 선점한 정보를 바탕으로 일치단결된 조직력이다.

Genius Thinking

정보는 네트워크 속에서 영속해야 강력해진다
① 최신의 정보를 네트워크로 팀에게 공유하라
② 팀을 영속할 수 있는 조직으로 만들어라

"큰 부자에게는 자식이 없다. 상속인이 있을 뿐이다."

– 유대 격언

성공하는 사업가는 유대인이다?

아침에 일어나 산뜻하게 리바이스 청바지를 입고 출근길에 스타벅스에 들러 커피 한 잔을 테이크 아웃한다. 사무실에 도착하면 인텔의 마이크로프로세서가 돌아가는 델 컴퓨터를 켜고 시티그룹이나 베어 스턴스의 사이트를 통해 증시를 확인한다. 점심은 던킨 도너츠로 간단하게 해결하고 AIG보험 설계사와 운전자 보험에 대해 이야기를 나눈다. 일과가 끝나고 오랜만에 친구들과 근처 멀티플렉스 상영관에서 월트 디즈니 영화를 본다.

어디에서나 일어날 수 있는 일상이지만 한 가지 놀라운 사실이 숨어 있다. 바로 이 모든 기업이 유대인이 경영하는 기업이라는 것이다.

헤드헌팅 회사인 스펜서 스튜어트의 회장이자, CEO 관련 조사에 일가견이 있는 토마스 네프는 1997년 4월부터 2년간 조사한 자료를 발표했는데 거기서 유대인의 비중을 확인하면 놀라지 않을 수 없다.

네프는 1999년 2년간의 조사를 통해 미국을 대표하는 기업 중 '리더 베스트 50인'을 뽑았다. 선정 기준은 첫째가 기업의 리더로서 높은 자질을 평가받는 인물이어야 하고, 둘째는 과거 5년간 또는 10년간 기업 내에서 최고의 경영 성과를 올린 사람이어야 한다는 것이었다.
이 중 적어도 8명, 즉 전체의 16%가 유대인이 경영하는 기업이었다.

2000년의 한 통계에 따르면 미국의 최고 부자 400명 가운데 64명이 유대인이었다. 역시 16%이다. 특히 유대인은 IT산업에서 두각을 나타내고 있다. 구글을 필두로 페이스북, 오라클, 델 컴퓨터, 퀄컴, 컴팩 등 대부분의 IT 기업은 유대인들이 경영해 오고 있다. 실리콘 밸리는 유대인들이 장악하고 있다고 해도 과언이 아니다.

미국의 리더 베스트 50에 선정된 유대인 기업가

이름	기업명	업종
마이클 델	델 컴퓨터	컴퓨터
마이클 아이스너	월트 디즈니	오락 · 미디어
도날드 피셔	GAP	의류
앨런 그린버그	베어 스턴스	투자은행
모리스 그린버그	AIG	보험
앤디 그로브	인텔	반도체
하워드 슐츠	스타벅스	커피 · 음료
샌포드 웨일	시티그룹	금융 · 증권

Imagination

천재들은 상상을 지배한다. 상상은 현실에서 실제로 일어나지 않은 사태나 일을 가상으로 그려 보는 것이다. 현실의 자료를 기초로 앞으로 일어날 일을 창조적으로 떠올려 보는 것이다. 역사는 먼저 상상하고 그 상상을 실천하는 자들의 역사였다.

2

상상을 지배하는
천재의 생각법

"인생이란 '놓칠 뻔한' 순간들의 연속이다.

그러나 단순히 행운으로 돌릴 수 있는 경우란 결코 많지 않다.

……

진실로 자신과 자신의 꿈을 믿는다면,

스스로 해낼 수 있고 비전을 실현시킬 수 있는 모든 일을 해야만 한다.

그 어떤 위대한 업적도 행운으로 우연히 이루어지는 것은 없다."

– 하워드 슐츠

Genius Thinking

06 커피가 아니라 상상을 팔아라
하워드 슐츠

"광범위한 영향력과 영구적인 가치를 얻고 싶다면, 담대해져라."

전 세계에 퍼져 있는 별다방, 스타벅스

"당신이 무언가를 사랑하는데 다른 사람이 그것을 빼앗아 가려고 하면 당연히 싸우겠죠. 바로 그런 심정으로 회사로 돌아왔습니다."

하워드 슐츠가 2008년 1월 스타벅스의 CEO로 복귀하며 한 말이다.

스타벅스는 1990년대 중반부터 빠르게 성장하다 2000년대 들어서 확장을 거듭했다. 그러던 중 2007년, 창업 이래 첫 영업 적자를 기록한다. 세계 최대 커피 체인점의 위용을 자랑하던 스타벅스가 위기를 맞은 것이다. 방문 고객 증가율이 사상 최저치로 떨어지고 주가는 추락했다. 위기에 몰린 스타벅스의 구원투수로 슐츠가 다시 등장했다.

CEO로 복귀한 그는 'Refocus to Coffee(다시 커피로)'라는 기치를 내걸고 사내 캠페인을 시작했다. 무엇이 스타벅스를 '스타'로 만들었는지 상기하고 고유의 기본 가치를 회복하자는 운동이었다. 슐츠는 '과도한 양적 성장'이 위기를 가져왔다고 보고, 핵심 가치로 '고급 커피'를 다시 내세웠다. 그리고 그는 본사 회의에서 반나절 매장 휴업안을 제안했다. 당연히 임원들은 목소리를 높여 반발했다. 반나절 영업 중단으로 인한 매출 손실 예상은 약 600만 달러(700억 원)나 되었기 때문이다.

2008년 2월 26일, 실제로 한 스타벅스 매장에 붙은 영업 중단 안내문

하지만 슐츠는 밀어붙였고 2008년 2월 26일에 미국 전역의 7천여 개 스타벅스 매장이 시간에 맞추어 일제히 문을 닫았다. 'CLOSE'라는 팻말이 걸린 매장 안에서는 바리스타 재교육과 함께 스타벅스의 핵심 가치에 대해 직원들이 열띤 토론을 벌였다.

그리고 2년 뒤인 2010년, 스타벅스 매출은 창업 이래 최초로 100억 달러를 돌파했고, 미국 내 매장 수는 1만 900여 개, 해외 매장 수는 6000여 개로 늘었다. 그러자 〈월스트리트저널〉은 "슐츠 없는 스타벅스는 생각할 수 없다"는 기사를 낸다.

스타벅스는 2000년 이래 현재까지 글로벌 100대 브랜드에 빠지지 않고 선정되었고, 2013년에는 미국 경제전문지 〈포춘〉이 뽑은 '가장 가치있는 브랜드 100'에 들기도 했다. 2016년 현재 한국에서도 커피 판매 시장의 선두주자로 9백여 개가 넘는 직영 매장이 전국에 퍼져 있다.

브루클린의 빈민가 유대인 집안에서 태어난 슐츠

세계 최대 커피전문점 스타벅스의 회장 하워드 슐츠는 1953년 뉴욕의 빈민가에서 2남1녀 중 장남으로 태어났다. 그의 부모는 모두 2대째 뉴욕 동부 지역 브루클린의 노동자로 일하고 있는 유대인이었다. 그는 트럭 운전이나 공장 노동을 하던 아버지 밑에서 찢어지게 가난하게 살았다. 하지만 그의 어머니는 강한 의지를 가지고 있었다.

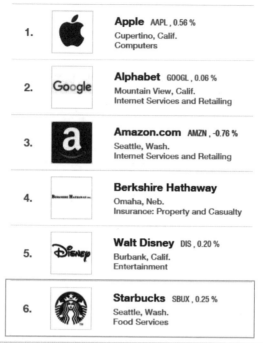

1.		**Apple** AAPL , 0.56 % Cupertino, Calif. Computers
2.	Google	**Alphabet** GOOGL , 0.06 % Mountain View, Calif. Internet Services and Retailing
3.	a	**Amazon.com** AMZN , -0.76 % Seattle, Wash. Internet Services and Retailing
4.	Berkshire Hathaway inc.	**Berkshire Hathaway** Omaha, Neb. Insurance: Property and Casualty
5.	Disney	**Walt Disney** DIS , 0.20 % Burbank, Calif. Entertainment
6.		**Starbucks** SBUX , 0.25 % Seattle, Wash. Food Services

스타벅스는 2016년에도 《타임》지가 선정한 가장 가치있는 브랜드에 6위로 랭크됐다.

어머니도 아버지처럼 고등학교도 졸업하지 못했지만 자식들을 모두 대학에 보내기를 열망했다. 그녀는 현명한 실용주의자였으며, 어린 슐츠에게 성공한 사람들의 이야기를 들려주며 항상 도전 정신을 심어주고자 했다. 슐츠는 어머니에게서 위기를 극복하는 의지와, 불가능을 가능으로 만드는 용기를 배웠다. 그녀는 가난해서 돈을 물려주지는 못했지만 자식에게 반드시 지혜를 가르치는 전형적인 유대인 어머니였다.

브루클린에서도 카나지라고 하는 빈민가에서 자란 슐츠는 어릴 때부터 돈 버는 일에 뛰어들어야 했다. 십대 시절의 그는 신문 배달부터 식당 일까지 닥치는 대로 했다. 열여섯에는 피혁 가공하는 일을 하다가 양손 엄지손가락에 굳은살이 배기기도 했다. 그는 자신이 번 돈을 모두 가난한 살림을 꾸려 가는 어머니에게 드렸다.

"담대하라 그러나 공평하라 절대 굴복하지 말라"

10대의 슐츠는 빈민촌을 벗어나는 유일한 탈출구로 '스포츠'를 생각했다. 고등학교 때 슐츠는 한 소녀에게 데이트 신청을 한 적이 있다. 그 소녀의 아버지는 슐츠가 빈민촌에 산다는 이야기를 듣고 경멸어린 시선을 보냈다. 어린 슐츠에게는 너무나 자존심 상하는, 평생 지울 수 없는 상처가 되었다.

슐츠는 '더 나은 세상으로 가는 티켓'을 얻고자 스포츠에 매달렸다. 고등학교 때는 공부에 별 관심 없이 미식축구에 열정을 쏟았다. 그는 팀에서 쿼터백을 맡아 뛰었고, 그 인기로 캠퍼스 내에서 '빅 맨'으로 뽑히기도 했다. 슐츠가 다니던 고등학교 역시 가난한 학교였지만, 다행스럽게도 그는 뛰어난 미식축구선수로 알려져 미시간대학교에 장학생으로 선발되었다. 그러나 대학에서는 두드러진 선수로 활약하지 못했다. 그 후로 선수 생활을 포기하고 학자금 대출을 받으며 아르바이트를 계속했다. 밤에는 바텐더로 일했으며, 때로는 피를 뽑아 팔기도 했다.

1981년 운명적으로 스타벅스를 만나게 된 슐츠

1975년 대학을 졸업한 슐츠는 무엇을 할지 몰라 방황하다가 다음 해 문서 관리 회사 제록스의 마케팅 부서에 취직한다. 그곳에서 그는 비즈니스에 대해 체계적으로 배울 수 있었다. 그리고 슐츠는 어머니에게서 배운 도전정신과 용기로 3년 만에 제록스 최고의 세일즈맨으로 등극한다. 1979년, 좀 더 큰 도전을 원하던 그에게 스웨덴에 본사를 둔 다국적 기업 해마플라스트의 미국 지사 부사장이라는 기회가 찾아 온다. 그때 그는 겨우 28세였지만 연봉은 7만5천 달러나 되었다.

그러다 1981년, 슐츠는 운명적으로 스타벅스를 만난다. 그가 해마플라스트에서 일하고 있을 때였다. 가정용품을 판매하던 해마플라스트에 한 소매업체가 드립식 커피추출기를 대량 주문하는 것을 의아하게 여겨 조사해 보았다. 그 회사는 'Starbucks Coffee, Tea and Spice'라는 이름의 몇 개의 매장을 가진 소규모 커피판매업체였다.

이듬해인 1982년, 슐츠는 시애틀로 가서 그 소규모 커피판매회사의 마케팅 담당으로 합류한다. 고액 연봉의 부사장직을 포기하고, 기존에 'Starbucks Coffee, Tea and Spice'를 운영하던 창업자들을 1년간 설득한 결과였다.

현재도 'Starbucks Coffee, Tea and Spice'의 로고를 쓰고있는 시애틀의 스타벅스 1호점

일상을 벗어나 '로맨스와 상상'을 파는 스타벅스

1983년 봄, 그는 이탈리아 밀라노로 출장을 가서 새로운 영감과 비전을 얻는다. 이탈리아를 여행하면서 '커피 바의 로맨스'를 발견한 것이다. 그리고 에스프레소의 맛과 분위기에 반했다. 그는 카페라떼와 바 스타일의 인테리어를 들여오자고 '스타벅스' 경영진에 제안했다. 그러나 반응은 회의적이었다. 1년여의 설득 끝에 일부 받아들여지긴 했지만 그의 생각은 좀처럼 전면적으로 실행되지 못했다. 크게 실망한 그는 1985년 '스타벅스'를 나와 이듬해 시애틀에 커피 바 '일 지오날레'를 차렸다.

'일 지오날레'는 당시 이탈리아에서 가장 큰 신문의 이름이었다. '일 지오날레' 최초의 외부 투자자는 론 마골리스라는 산부인과 의사였다. 당시 론은 커피를 전혀 마시지 않는 사람이었지만 슐츠의 열정과 성실성을 보고 10만 달러를 투자했다. 그가 산 10만 달러의 주식이 1,000만 달러 이상의 가치로 변하는 시간은 그리 오래 걸리지 않았다.

그리고 슐츠는 1987년에 8월 마치 연어가 고래를 삼키듯이 '일 지오
날레'의 두 배나 되는 '스타벅스'를 인수 합병하고 이름도 '일 지오날
레'에서 '스타벅스'로 바꾼다. 그때 그의 나이 서른 넷이었다.

이탈리아 신문 〈일 지오날레〉와 하워드 슐츠가 운영했던 '일 지오날레'의 커피

당시 미국인들에게 커피는 피곤을 물리치고 잠을 깨우는 각성제 정
도였다. 커피점 역시 잠깐 들르는 가벼운 장소였다. 하워드 슐츠는 질
좋은 원두로 다양한 종류의 커피를 만들어 소비자들에게 제공했다. 또
한 그는 세련된 도시의 감성을 충족시키기 위해 '스타벅스'를 지성을
갖춘 대중이 머무는 공간으로 바꾸었다. 스타벅스의 의자는 푹신했고
조명은 편안했으며 문 너머로는 언제나 향긋한 원두 향이 넘실거렸다.

이러한 고급 전략은 당시 미국의 사회 분위기에 적중했다. 사람들은 우아하고 세련된 대화 공간에 머무르기 위해 다소 높은 편이었던 가격을 기꺼이 감내했다. 그렇게 스타벅스로 인해 사람들은 커피를 일상의 문화로 받아들이기 시작했다. 그가 40세 되던 해 〈포춘〉지에서 그를 인터뷰하고 커버스토리로 실었다. 그리곤 "하워드 슐츠의 스타벅스는 커피를 갈아 금으로 만든다"라고 평가했다.

커피가 아니라 '로맨스와 상상'을 파는 스타벅스

슐츠가 스타벅스를 최고의 자리에 올릴 수 있었던 까닭은 문화를 만들고자 했기 때문이다. 그는 미국에 원두커피를 마시며 이야기하는 '문화'를 만들었다.

그는 대중들이 일상의 지루함에서 벗어나 '스타벅스'에서 '로맨스나 상상'을 맛보게 했다. 획일화된 아메리카노가 아니라 '수마트라', '케냐', '코스타리카' 커피를 맛보게 했고, '에스프레소 마키아토' 같은 이국적인 로맨스를 체험하게 했다. 얼마 안되는 돈으로 사치를 누릴 수 있게 한 것이다. 도심 속에서 한적한 '오아시스'를 즐기게 했다. 결국 '스타벅스'는 부담없이 일상적으로 색다른 문화를 즐길 수 있는 장소로 변신하게 되었다.

하워드 슐츠는 이렇게 설명한다.

"소비자들은 여전히 스타벅스 컵을 들고 거리를 걸어가는 데서 일종의 배지를 달고 다니는 것 같은 느낌을 갖고 있습니다. 그게 스타벅스 성공의 기본입니다."

하워드 슐츠는 성공의 특수한 비결이나 방법은 없다고 말한다. 단지, 그가 스스로 무에서 유를 창조하며 남보다 대담한 꿈을 꾸고 성취해 가는 모습을 통해 그 일면을 엿볼 수 있는 것이다. 세계적인 기업의 수장이 된 그는 지금도 매년 아버지의 기일이 되면 '야르짜이트'라고 하는 유대인식 의식을 치른다고 한다. 평생 노동자 생활을 전전하며 고생만 하다 폐암으로 돌아가신 아버지를 기리며 24시간 동안 촛불을 켜 두는 것이다.

그는 늘 작은 꿈이 아닌 큰 꿈을 꾼다. 그리고 항상 자신과 세상 사람들에게 이렇게 묻는다.

"손만 뻗어도 잡을 수 있는 꿈이라면 무슨 가치가 있겠는가?"

Genius Thinking

문화를 팔면 커피 한 잔으로도 성공할 수 있다
① 남보다 큰 꿈을 꾸되 현실적으로 생각하라
② 자신의 운명은 언제나 자신이 지배하라

"불운은 뜻밖에 찾아오는 반면, 행운은 그것을 계획한 사람들에게만 찾아온다."

웨슬리 브랜치 리키, 미국 야구 명예의 전당에 오른 전설적인 감독
– 하워드 슐츠가 항상 가슴에 새기는 말

천재를 '만드는' 유대인 어머니

"내일이면 아무것도 걱정하지 않게 된단다."

유대인 어머니는 아이를 재우며 곁에서 이렇게 말해준다. 그날 아주 힘든 일이 있었더라도, 심하게 꾸중을 듣고 벌을 섰더라도 잠자리에서는 가장 평온한 시간을 갖게 한다.

어머니는 잠들 때까지 구약성서와 탈무드를 읽어준다. 성경이야기를 통해 아이는 천지를 창조하는 하느님, 이집트를 탈출해 홍해를 가르는 모세, 골리앗을 물리치는 다윗 등을 마음껏 상상하며 꿈을 키워 나간다.

유대인에게는 어머니가 아주 중요한 존재다. 혈통도 모계를 따르는 전통이 있다.

유대인 어머니라면 대부분 교육을 중요시한다. 유대인 어머니들은 아이가 언제나 질문하도록 가르친다. 질문과 토론을 통해 사고를 정립시키고자 하는 것이다. 그리고 새로운 것을 생각하도록 가르친다. 뻔한 사람으로 만들지 않고 특별한 유대인으로 키우기 위한 방법이다. 또 실패를 가르친다. 실패를 통해 다시 점검하고 계획을 수정할 수 있도록 교육하기 위함이다. 그러면서도 언제나 응원해준다. 이런 어머니를 통해 유대인의 천재들은 탄생한다.

엄마는 제게 가장 큰 사람이에요

"나는 아이에게 한 번도 안 된다고 한 적이 없어요. 그냥 아이가 원하면 다 해줘야 한다고 생각했어요."

스티븐 스필버그의 어머니 레아 아들러의 말이다. 그녀는 진심으로 아들 편에 서서 모든 것을 이해하고 받아주었다. 언제나 곁에서 그를 지지해주는 엄마. 그런 엄마의 숨결 속에서 유대인이라고 놀림 받으며 따돌림 당할 때도, 운동을 못해 외톨이가 되었을 때도, 공부를 못해 인정받지 못했을 때도 좌절하지 않고 이겨나갔다.

"너는 상상력만큼은 세상에서 최고야!"

스필버그는 엄마가 언제나 해주던 이 한 마디로 열등감을 딛고 정말 세상에서 가장 상상력이 뛰어난 인물이 된다. 한 인터뷰에서 "당신의 상상력은 어디에서 나오는 것인가요?"라는 질문에 "내 상상력의 근원은 당연히 어머니죠."라고 대답했다.

스필버그의 어머니는 어른의 눈으로 아들을 보지 않았고 언제나 동일한 한 인격자로, 친구로 아들을 대했다. 이렇게 자란 스필버그는 스스로 판단해서 결정을 내릴 줄 알게 되었다.

또 그녀는 호기심 때문에 늘 사고를 치는 아들을 야단치지 않았다. 오히려 함께 놀며 아들의 마음속으로 들어가고자 노력했다. 뿐만 아니라 아들이 원하는 것은 항상 허락했고 응원했다. 이것은 스필버그에게 상상의 날개를 달아주어 나중에 영화를 만들 거라는 꿈을 더욱 풍성하게 만들었다.

스필버그는 이렇게 말했다.

"엄마, 엄마는 제게 가장 큰 사람이에요."

스필버그의 어머니가 없었다면 우리는 〈쥬라기 공원〉을 아직 보지 못했을 것이다.

백과사전 엄마

"그거 정말 재미있겠네. 네 생각대로 한 번 멋지게 해봐."

마크 저커버그가 대학을 그만두고 벤처기업을 하겠다고 했을 때 그의 부모가 했던 말이다.

정신과 의사였던 어머니 카렌은 저커버그에게 학교 공부 외에도 다른 공부를 할 수 있도록 개인교사를 붙여주었다. 어느 날은 대학원에 데리고 가서 대학원생들과 함께 수업을 듣게도 했다. 아이와 많은 시간을 지내며 대화하는 것을 즐겼고 그의 열정을 잘 살폈다.

저커버그는 질문이 많은 아이였다. 끊임없는 질문에도 그의 어머니는 언제나 차근차근 설명해줬다. 저커버그에게는 백과사전 같은 존재였다. 아들의 호기심에 언제나 응답해주었고, 단편적인 지식이 되지 않도록 오랫동안 토론하며 생각의 크기를 키워주었다. 어머니는 또 역사, 문학, 예술, 논리 등의 인문 분야 책을 읽혔고 통합적 지식을 갖도록 배려해주었다. 저커버그는 지금도 호머의 서사시 『일리아드』를 줄줄 외우는데 이는 순전히 어머니의 덕이다.

세계 최첨단의 기술을 이용해 사업을 하는 저커버그지만 마음의 고리를 이어가는 그의 사업에는 기술과 인문학에 함께 능통한 인재의 시대가 올 것을 예측한 어머니의 조기교육이 원동력이 되었다.

"나무는 그 열매에 의해서 알려지고,
사람은 일에 의해서 평가된다."

– 탈무드

Genius Thinking

07 영화는 미래에 대한 상상이다
스티븐 스필버그

"너를 둘러싼 세계에 '왜'라고 물어라."

수전노 유대인이라고 왕따당하던 학창 시절

스티븐 스필버그는 미국을 대표하는 세계적인 영화감독이다. 그는 흥행성을 갖춘 감독이자 제작자로 유명하지만, 작품성을 갖춘 거장으로도 평가받는다. 미국의 〈타임〉지는 그를 '20세기 가장 중요한 인물 100'에 선정하기도 했다.

스티븐 스필버그는 1946년 오하이오 주에서 유대인 부모 사이에서 태어났다. 그는 유대교회당에서 턱수염을 기르고 검은 옷을 입은 장로들이 유모차 속에 누워 있는 어린 그를 들여다보며 축복의 비스킷을 주었던 모습을 기억한다고 한다. 그의 외할아버지는 정통 유대교도로, 언제나 검은 모자를 쓰고 턱수염을 길렀다.

크리스마스에 트리 장식을 하지 않는 집은 동네에서 그의 집이 유일했다. 유대교는 예수를 메시아로 인정하지 않아서 크리스마스에 특별한 의식을 거행하지 않기 때문이다. 어릴 적 크리스마스 트리를 만들자고 졸랐다가 호되게 혼난 기억이 있다고 스필버그는 말한다. 스필버그는 10대 시절 동네의 친구들로부터 조롱을 받고 자랐다. 유대인은 수전노라고 놀리며 던지는 동전에 맞는 굴욕을 겪기도 했다. 때문에 그에게 영화는 자신의 상상력을 아낌없이 발휘할 수 있는 유일한 수단이었다.

스필버그의 부모는 공부도 안 하고 수업까지 빼먹으며 카메라를 들고 다니는 그를 한번도 야단치거나 막지 않았다. 오히려 전형적인 유대인 부모였기 때문에 항상 그에게 용기와 신념을 불어넣어주었다. 스필버그에게 어머니는 늘 부적과 같은 존재였고, 아버지는 그가 12살 때부터 영화를 찍을 수 있도록 카메라를 선물해준 사람이었다.

13세에 만들고 16세엔 동네극장 상영까지 한 영화천재

10대 시절 스티븐 스필버그는 친구들과 어드벤처 영화를 만든다. 애

리조나 주의 한 식당을 제작실 삼아 친구들과 만든 8mm 필름 영화다. 이 영화를 만들기 위해 스필버그는 아버지에게 400달러를 투자받는다. 적은 예산이었지만 그는 어드벤처 영화를 찍기 위해 각종 특수효과를 연구해 사용했다. 화약 연기가 자욱한 전쟁 장면을 찍기 위해 모래구덩이 속에 밀가루를 넣어두고 배우들이 구덩이를 밟으며 뛰도록 해 밀가루가 연기처럼 날리게 했다. 스케일이 큰 배경이나 연출이 필요할 때는 장난감 등의 미니어처를 이용했다. 이때 이미 그는 영화 촬영에서 특수효과가 얼마나 중요한지 깨닫고 있었던 것이다. 스필버그 주변의 사람들은 그가 무한한 가능성을 가진 영화감독임을 일찍부터 확신했다.

8mm 필름 카메라

그는 고등학교를 마치고 캘리포니아주립대학교 롱비치 분교에서 영화를 전공했다. 그러나 중간에 자퇴하고 유니버설 영화사의 편집 담당으로 들어간다. 이때 유대인인 시드니 샤인버그 유니버설 부회장이 그의 자질을 알아보고 스필버그를 후원하기 시작한다. 그는 당연한 과정처럼 1969년부터 장편영화 감독으로 활동하기 시작한다.

영화계 흥행감독으로 혜성처럼 등장하다

스티븐 스필버그는 1972년 〈격돌Duel〉로 영화계에 주목을 받으며 등장한다. 그리고 3년 만에 내놓은 영화가 영화사상 최고 흥행 수익을 기록한 〈죠스Jaws〉, 1975다.

영화 〈죠스〉의 포스터

대중들은 식인 상어의 동물적인 집요함과 포악함에 충격을 받았고 〈죠스〉는 그에 힘입어 1억 달러의 수익을 올렸다. 지금 기준으로도 엄청난 흥행을 기록한 작품이다. 스필버그는 이 영화를 계기로 단숨에 세계적인 영화감독으로 발돋움한다. 〈죠스〉를 계기로 블록버스터 영화라는 신조어가 생겨나기도 했다.

왼쪽부터 영화 〈이티〉, 〈쥬라기 공원〉, 〈인디아나 존스〉 포스터

    다음으로 스필버그를 유명하게 만든 그의 차기작은 1982년에 개봉한 〈이티E.T.〉다. 지구에 불시착한 난쟁이 외계인과 소년 엘리엇의 순수한 우정을 다룬 이 영화를 통해 스필버그는 할리우드를 대표하는 영화감독으로 부상했다. 〈죠스〉로 자신이 세운 영화사상 최고의 흥행 기록은 〈이티〉로 깨졌다. 이후 〈인디아나 존스〉 시리즈를 연이어 성공시킨 스필버그는 1993년, 누구도 생각하지 못한 공상과학영화를 들고 나왔다. 마이클 크라이튼의 동명소설을 영화화한 〈쥬라기 공원〉이었다. 과학기술로 탄생시킨 공룡들이 인간의 통제를 벗어나면서 아수라장이 되는 테마파크를 그린 〈쥬라기 공원〉에 아이들은 물론, 어른들까지 열광했다.

흥행성과 작품성을 동시에 거머쥐다

그는 1990년대 들어 〈쉰들러 리스트Schindler's List〉, 1993, 〈라이언 일병 구하기〉, 1998 같은 작품성 높은 영화로 '상업영화 감독'이라는 콤플렉스를 벗어 던졌다. 〈쉰들러 리스트〉는 스티븐 스필버그 본인에게 유대인으로서 정체성을 자각시키는 하나의 고백 같은 작품이다. 이 작품들로 스필버그는 아카데미상을 받으며 거장의 반열에 오른다.

영화 〈쉰들러 리스트〉 속의 쉰들러는 제2차 세계대전 속에서 전쟁을 통해 떼돈을 벌고자 하던 기회주의자였다. 독일군 점령지인 폴란드에서 무임금으로 유대인을 고용하며 돈을 벌어들인다. 그러다 마을이 폐쇄되고 유대인들이 끌려가기 시작하자 이때부터 쉰들러는 마음속에 간직하고 있던 인류애를 발휘한다. 자신이 번 돈을 모두 써서 나치 친위대의 젊은 장교에게 뇌물을 주고 아우슈비츠 수용소로 끌려가던 유대인 1,100명의 목숨을 구한 것이다. 1945년 전쟁이 모두 끝난 뒤에 유대인들은 전쟁범죄자로 몰릴 위험이 있는 쉰들러를 위해 진정서를 쓴다. 자신들의 금이빨을 뽑아 만든 반지와 함께. 그 반지에는 '한 생명을 구한 자는 전 세계를 구한 것이다.'라는 글귀가 새겨져 있다. 쉰들러는 반지를 받아들고 울음을 터뜨리며 후회한다.

'왜 나는 더 많은 유대인을 구해 내지 못했을까!'

〈캐치 미 이프 유 캔Catch Me If You Can〉, 2002으로 그가 동물과 외계인이 등장하는 환상뿐만이 아니라 현실에 존재하는 인간 그 자체의 이야기만을 그릴 수 있다는 것을 입증해 냈다. 잇달아 환상의 영역과 먼 평가를 받은 스필버그는 상상의 세계로부터 멀어지는 듯 했으나 그는 2005년 〈타임〉지와의 인터뷰에서 고개를 저었다.

"사람들이 계속 저에게 묻더군요. 왜 〈이티〉나 〈레이더스〉 같은 영화를 더 이상 찍지 않느냐고요. 사실 마음만 먹으면 그런 기회는 많지요. 하지만 저는 하지 않았습니다. 아이들의 순수함을 담아 만들어야 하는 〈해리 포터〉 시리즈와 〈스파이더맨〉 같은 영화들은 예전에 이미 해봤으니까요. 하지만 또 모르죠. 제 마음속에 어린 시절의 열정이 가득 차는 날이 오면, 다시금 이런 영화들로 되돌아갈 날이 있을지도요."

영화 〈라이언 일병 구하기〉와 〈캐치 미 이프 유 캔〉의 포스터

지금까지 스필버그가 감독한 영화의 총 수입은 수백 억 달러에 달할 것으로 추정된다. 스필버그는 36억 달러의 개인 자산을 보유한 부자이면서 할리우드에서 손꼽히는 영화 촬영소인 드림웍스 SKG를 경영하는 기업가이다.

50여 년이 넘게 영화계에서 발을 떼지 않은 스필버그의 취미는 놀랍게도 '영화감상'이다. 영화감독이 영화감상을 취미로 두는 게 어때서? 언뜻 이렇게 생각할 수도 있지만 흔히 '요리사는 집에서 요리를 하지 않고, 기사는 운전을 좋아하지 않는다'고들 하지 않는가? 그런 의미에서 거의 평생을 영화와 함께한 스필버그가 아직도 영화에 그만큼 애정을 가지고 있다는 사실은 놀랄 만하다.

애니메이션을 통해서도 익숙한 드림웍스 SKG 로고

끝없는 상상이 영화를 만든다

스필버그의 영화를 한 단어로 압축하면 '상상력'이다. 사람들은 〈죠스〉 이전에 이성도 감정도 없는 한 마리의 식인 상어가 영화의 주인공으로 등장할 수 있다는 것을 몰랐다. 또한 〈이티〉가 나오기 전에 사람들이 상상하던 외계인은 거대한 UFO를 타고 지구를 침공하는 악당에 불과했다. 사람들은 외계인이 담요에 싸여 얌전히 자전거 바구니에 탄 모습을 상상하지 못했다. 그리고 〈쥬라기 공원〉은 어떤가. 사람들은 공룡을 시각적으로 재현할 수 있다는 생각은 하지도 못했다.

그와 함께 〈죠스〉를 촬영한 배우 리처드 드레이퍼스는 스필버그를 가리켜 "영화감독이 되기로 결심한 열두 살의 덩치 큰 소년 같다."라고 말했다. 한 술 더 떠서, 스필버그는 자기 자신이 '지구에 몰래 들어와 살게 된 착한 외계인'일 거라는 생각을 종종 한다고 농담처럼 말하고는 했다고 한다.

스필버그에게 영화는 아직도 그가 만나지 못한 미지의 세계로 안내하는 통로이자 길을 여는 열쇠이다. 끊임없이 알지 못하는 것을 상상하는 스필버그의 사고방식이야말로 그를 세계적인 영화감독으로 만든 비밀이다.

2016년 10월 10일 스티븐 스필버그는 중국 최고의 부자 마윈과 손을 잡는다고 발표했다. 영화에 '가상현실', '사물인터넷'과 같은 첨단 IT기술을 도입해 세계시장을 공략하겠다고 했다. 올해로 만 70세이지만 아직도 스필버그는 영화를 통해 '미지의 세계를 찾아가는 상상'을 하고 있는 것이다.

스필버그는 2016년 하버드대학교 졸업식 기념 연설에서 사람들과의 연결을 강조하면서 이렇게 말했다.

"내 직업은 두 시간 동안 지속되는 세계를 만드는 겁니다. 여러분의 직업은 영원히 남는 세계를 만드는 겁니다. 여러분은 미래에 혁신을 하고, 동기 부여를 하고, 지도자가 되어 타인을 돌보게 될 것입니다. 더 나은 미래를 만들기 위해 과거를 공부하세요."

Genius Thinking

영화는 상상을 창조하는 예술이다
① 상상은 현실을 이끄는 강력한 힘이다
② 사람들이 꿈꾸는 상상을 영화로 만들어라

"힘이란 죽일 정당성이 있을 때도 죽이지 않는 것이다."

― 영화 〈쉰들러 리스트〉의 대사 중에서

할리우드의 지배자, 유대인

 1950년대 〈OK목장의 결투〉라는 영화
가 있었다. 주연은 당시 최고의 주가를
올리던 총잡이 커크 더글러스였다. 그
는 언젠가 고성능 소총으로 무장하고
케냐의 들판을 며칠이나 누비며 야생 사냥을 하고, 그때 잡은 동물들로 집
의 벽을 장식했다고 한다. 그 후 일흔이 넘어서 토라와 유대 윤리를 공부하
기 시작한 그는 "난 유대인으로서 죄를 지었다는 걸 알게 되었어요. 야생 동
물을 사냥하고 죽이는 것은 나의 종교에 반하는 행위죠."라며 유대인으로
서 고해를 하였다.

　　미국 영화계에는 유대인이 유난히 많다. 미국 영화산업을 유대인이 점령
했다고 해도 과언이 아니다. 영화는 에디슨이 축음기와 활동사진을 결합하
여 처음 만든 것으로 알려져 있다. 처음에는 싸움 장면이나 스트립쇼 같은
자극적인 내용의 30초 안팎의 짧은 영상을 기계에 난 구멍을 통해 들여다
봐야 했다. 그러다 1년 뒤 에디슨이 여럿이 볼 수 있는 영화를 발명하자 뉴
저지에 영화 제작소와 상영소가 속속 들어서기 시작했다.
　　당시 영화는 단편 무성영화였기 때문에 글을 모르고 시간이 없는 하층민
들에게 인기가 있었다. 그런데 초기에 키를 쥐었던 사람들이 이 산업을 독
점하려고 했다. 이들이 모든 분야에 대해 특허등록을 해버려 영화를 제작하

려면 허가를 받아야 했다.

제작자들은 이에 반발했고 1910년 전후 미국 서부로 이동했다. 이 뒤로 유대인의 할리우드가 본격적으로 영화 산업을 장악해갔다. 이 무렵 영화 제작사는 100개를 돌파했다. 영화 제작계가 포화상태에 이르자 유대인들은 영화 제작사들을 통폐합한다.

7대 영화사 중 6개인 유니버설, 파라마운트, 20세기 폭스, MGM, 워너브라더스, 컬럼비아 영화사를 유대인이 설립했다. 나머지 하나인 월트 디즈니는 유대인이 설립하지는 않았으나 역대 경영인들이 대부분 유대인이었다. 또한 이 무렵 할리우드 영화 제작자 중 50% 이상이 유대인이었다고 한다. 지금까지도 감독과 제작자에는 유대인이 많다.

〈진주만Pearl Harbor〉, 2001, 〈아마겟돈Armageddon〉, 1998, 〈탑건Top Gun〉, 1986을 제작한 제리 브룩하이머 역시 유대인이다. 〈롤리타Lolita〉, 1962, 〈샤이닝The Shining〉, 1980 등 영화 역사상 혁신적인 영화를 가장 많이 만든 스탠리 큐브릭을 포함해 우디 앨런, 벤 스틸러도 유대인이다.

제작자뿐 아니라 배우들 중에서도 유대인은 단연 많다. 〈인디아나 존스〉의 해리슨 포드, 아카데미 후보로 가장 많이 오른 메릴 스트립, 〈레옹〉의 나탈리 포트만, 〈해리포터〉 시리즈의 다니엘 래드클리프, 〈레인 맨〉, 〈쿵푸팬더〉의 시푸 목소리를 연기한 더스틴 호프만…… 특히 이외에 극본, 연출, 유통 등 영화 산업을 주름잡고 있는 유대인은 인터넷에 검색만 해도 수 백 명이 넘으니, 영화 산업의 시작과 그 역사가 유대인과 함께 했다고 해도 과언이 아닐 것이다.

"자식에게 물고기를 잡아주지 말고, 물고기 잡는 법을 가르쳐주라"

– 탈무드 격언

Genius Thinking

08 상상력이 있는 지혜를 가져라

아인슈타인

"중요한 것은 질문을 멈추지 않는 것이다.
결코 신성한 호기심을 잃어서는 안된다."

상대성 이론을 발견한 20세기 최고의 천재

20세기 최고의 천재로 많은 사람들은 아인슈타인을 꼽을 것이다. 알베르트 아인슈타인은 1879년 독일의 유대인 집안에서 태어났다. 그의 부모는 할아버지를 따라 아브라함이라고 이름 붙이려고 했지만 너무 유대인스럽다고 생각해서 알파벳 'A'만 따서 알베르트라고 했다.

1880년 가족과 함께 울름에서 뮌헨으로 이사를 했다. 그의 아버지는 삼촌과 작은 전기공장을 차려 운영했다. 어린 시절의 아인슈타인은 별다른 특징은 없었고 그저 또래 아이들보다 말이 늦었다. 그때를 두고 그는 "의사와 상의할 정도로 부모님이 걱정을 많이" 하셨다고 회상한다. 또한 말을 시작하고 나서도 작은 목소리로 자꾸 되풀이하는 버릇이 있어서 하녀가 멍청한 아이를 뜻하는 '데페르테der Depperte'라고 불렀다. 또 친척들은 '지진아'가 아닌가 생각하는 사람도 있었다. 그의 여동생 마야는 "오빠가 말을 배우는 것을 너무 힘들어해서 주변 분들은 결국 말을 배우지 못할지도 모른다고 걱정했다."라고 회상했다.

말을 더듬고 학교에 적응하지 못했던 학생 아인슈타인

그는 어려서 유대교 개인 교습을 받았다. 초기엔 유대교에 열의를 보였지만 과학에 대한 흥미가 커진 열두 살 이후로는 종교를 거부했다.

아인슈타인은 일곱 살 때 뮌헨의 김나지움에 입학했다. 그 학교는 독일식 교육으로 전형적인 주입식 교육을 했다. 그는 암기만을 강요하는 학교를 싫어했고, 선생님에게 '왜?'라는 질문을 자주 해서 마찰을 일으켰다. 선생님의 입장에서는 멈추지 않고 이유를 묻는 학생이 여간 성가신 것이 아니었고, 나중에는 '구제불능'이라는 말을 하기도 했다. 그의 선생은 생활기록부에서 "학과과정을 따라가는 것은 둘째치고 정상적인 생활이 가능할지 의심이 든다."라고 했다. 결국 아인슈타인은 신경

쇠약이라는 병원 진단서를 제출하고 학교를 그만둔다.

학교에 적응하지 못하는 아인슈타인을 위해 그의 부모는 가정교사로 숙부 야곱을 데려온다. 야곱은 대수를 궁금해 하는 어린 아인슈타인에게 수학을 가르쳤고, 이것을 계기로 아인슈타인은 수학의 재미를 알게 되었다. 집안 식구 모두가 걱정했던 아인슈타인은 이때부터 천재성을 꽃피운다.

14세 때의 아인슈타인

"교육이란 학교에서 배운 것을 모두 잊어버린 뒤,

자기 속에 남는 것을 말한다."

– 아인슈타인

1905년, 만천하에 '천재'를 드러낸 기적의 해

이후 아인슈타인은 우여곡절 끝에 스위스의 고등학교에 들어간다. 이 학교는 아인슈타인을 충분히 만족시켰다. 이 학교는 각 학급의 인원 수가 스무 명을 넘지 않았고, 학생들은 짝을 지어 연구하고 토론했다. 아인슈타인은 겨우 1년이라는 짧은 기간 동안 활발하고 낙천적인 자신의 본래 기질을 드러냈고, 2등으로 학교를 마쳤다. 아인슈타인은 그 학교를 회상하며 "유럽의 오아시스라 할 수 있는 스위스에서, 잊지 못할 오아시스였다."라고 극찬했다. 그는 이때 독학으로 미적분을 모두 깨우쳤으며, 유클리드, 뉴턴, 스피노자, 데카르트를 독파했다.

이어서 아인슈타인은 1896년 취리히 연방공과대학에 입학한다. 취리히 공대에서 아인슈타인은 제멋대로인 학생이었다. 그는 자신이 좋아하는 과목이 아니면 출석조차 제대로 하지 않았다. 시험이 코앞에 닥치면 겨우 준비해 턱걸이로 통과하는 수준이었다. 노트를 빌려주는 학교 친구들의 도움이 없었다면 졸업이 불가능했을지도 모른다.

아인슈타인은 1900년 봄에 졸업하여 스위스 시민권을 취득했고, 1902년 베른에 있는 특허 사무소의 심사관으로 채용되었다. 아인슈타인은 훗날, '특허국은 가장 멋진 아이디어들이 부화된 곳'이었다고 회상한다. 그는 일하면서 시간이 날 때마다 도서관을 다니며 연구를 계속했다. 또한 모임을 만들어 토론도 즐겼다.

세계적 석학을 다수 배출한 취리히공과대학, 아인슈타인이 교수직을 시작한 대학으로도 유명하다.

"우리가 경험하는 최고의 아름다움은 신비로움이다.

신비로움은 모든 진정한 예술과 과학의 원천이다.

이런 감정을 모르는 사람,

무엇에도 놀라지 않고 경외감에 휩싸이지 않는 사람은

죽은 것이나 다름없다."

– 아인슈타인

그러던 중 1905년에 아인슈타인은 그의 천재성을 만천하에 드러내는 결정적인 논문을 연달아 발표한다. 그중에 네 편은 독일의 저명한 학술지인 〈물리학 연보Annalen der Physik〉에 실렸다.

영국 왕립 천문대에서 입증한 아인슈타인의 '상대성 이론'

곧이어 아인슈타인은 전도유망한 과학자로 떠올랐다. 아인슈타인 이전의 시간과 공간은 전 우주에 걸쳐 오직 하나였다. 모든 생물과 사물은 같은 시간이 같은 공간에 펼쳐져 있을 뿐이라는 믿음은 거의 진리에 가까웠다. 그러나 「상대성 이론: 특수 상대성 이론과 일반 상대성 이론Uber Die Spezielle Und Die Allgemeine Relativitatstheorie」은 시간과 공간은 절대적인 것이 아니며, 관측하는 입장에 따라 바뀐다는 것이었다.

1919년 5월 29일 영국 탐사대는 기니 만에 있는 프린시페 섬에서 개기일식을 촬영했다. 그리고 그해 11월 16일 런던 왕립 학회와 왕립 천문학회는 일반 상대성 이론의 예측이 검증되었다고 발표한다. 이로써 아인슈타인은 뉴턴의 고전 역학적 세계관을 마감한 인물로 세계적인 명성을 얻게 된다. 아인슈타인은 당시까지의 상식적 진리를 뿌리째 뽑아 내던졌다. 아인슈타인으로 인해 사람들이 믿고 있던 시간과 공간의 절대성이 무너진 것이다. 1921년, 물리학에 기여한 공로로 아인슈타인은 노벨상 수상자로 선정된다.

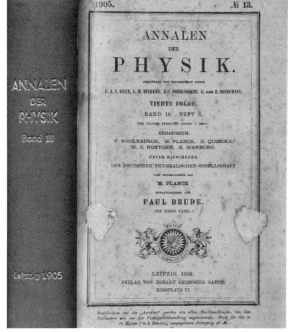

"뜨거운 난로 위에 앉아 있을 때는 1분이 1시간처럼 느껴지지만

아름다운 여자와 함께 공원 벤치에 앉아 있으면 1시간이 1분처럼 느껴진다.

그것이 바로 상대성 이론이다."

– 아인슈타인

살아 있는 지혜와 지식을 사랑한 아인슈타인

유대인은 빠르게 정답을 찾는 것을 중요하게 생각하지 않는다. 그들은 정답을 찾아가는 사고 과정을 중요하게 생각한다. 그들에게 선생님은 정답을 알려주는 사람이 아니라 생각하는 방법을 가르쳐주는 사람이다. 유대인들은 자립적으로 자라면서 스스로 답을 찾아가는 교육을 받는다. '지혜는 학교 교육의 산물이 아니라 평생 그것을 추구한 노력의 산물'이다. 그는 이렇게 말한다.

"지식은 두 가지 형태로 존재합니다. 책에 저장된 생기 없는 형태와 사람들의 머릿속에 살아 있는 형태로. 결국에는 두 번째 형태가 핵심입니다. 첫 번째 형태는 필수불가결한 것이기는 해도 열등한 위치일 뿐입니다."

1927년 국제 물리학 솔베이학회에서 찍은 사진, 맨 아랫줄 중간에 있는 아인슈타인을 포함해서 슈뢰딩거, 퀴리 부인, 플랑크, 하이젠베르크 등이 보인다.

아인슈타인은 어린 시절 지식을 주입하려고 했던 선생님뿐 아니라, 책에서 읽은 고대 그리스의 기하학 법칙과 여러 과학자들이 구축해 놓은 물리학 법칙들, 즉 예로부터 진리라고 믿어져 오다시피 한 수리 과학적 지식에도 의문을 품었다. 그는 한번도 '이렇게 해라'는 말에 '네'라고 대답한 적이 없었다. 묻고 물어서 이유를 알아내고서야 납득했다. 모든 것을 궁금해 하고 의문을 품고 끝내 밝혀내는 이러한 사고방식은 사실 그가 유대인인 것과 관련이 있다. 아인슈타인은 과학을 배우며 성서의 내용이 모두 진실은 아니라고 믿었지만, 여전히 유대인이라는 자신의 뿌리에 충실했다.

"지식 자체를 위한 지식의 추구, 정의에 대한 거의 광적인 사랑, 내 개인의 자유에 대한 열망, 이 모든 것은 유대의 전통으로, 나는 나를 유대인으로 태어나게 해 준 행운의 별에 감사드립니다."

이스라엘 대통령 제안을 받지만 거절한 아인슈타인

1932년 아인슈타인은 나치 독일의 위협으로부터 벗어나기 위해 미국으로 이주했다. 결국 1939년 독일에 의해 제2차 세계대전이 일어나자, 아인슈타인은 동료들과 함께 미국의 루즈벨트 대통령에게 원자폭탄을 개발하라는 편지를 쓴다. 그 제안에 따라 미국은 오펜하이머를 단장으로 하여 '맨해튼 프로젝트'를 추진하고 비밀리에 핵무기를 개발한다.

그러나 그로부터 20년 후, 아인슈타인은 완전히 반대되는 행보를 보인다. 1955년 4월 11일 영국의 버트란드 러셀에게 보내는 '세계 각국에 핵무기 포기를 촉구하는 공동 서명서에 동의한다'는 편지에 서명을 한 것이다.

과학자인 만큼 유대교를 신봉하지는 않았지만, 나이가 들수록 아인슈타인은 그 자신이 유대인임을 자랑스러워 했다. 그리고 죽을 때까지 성경에 명시된 휴머니즘을 실천하는 데 최선을 다했다. 그는 이스라엘

히브리대학 기념 엽서에 새겨진 아인슈타인의 모습

국회가 제안한 대통령직은 거절했지만, 그가 남긴 최종 유언 중 하나는 자신의 친필 논문을 비롯한 평생의 업적이 담긴 문서들을 이스라엘 국립 히브리대학에 기증하는 것이었다.

New York World-Telegram
The Sun

ALL Sports FINAL
Bid and Asked Prices
Complete Markets

VOL. 122—NO. 190 NEW YORK, MONDAY, APRIL 18, 1955. FIVE CENTS

DR. EINSTEIN IS DEAD AT 76

Kindergarten Tots to Get Free Vaccine

City Adds 64,000 To First Program

Baseball
NATIONAL LEAGUE

Reds Blasted As Bandung Talks Begin

Free Vietnam, Iraq Open Fire

Results at Jamaica

Giants Crush Pirates

Burst Artery Proves Fatal To Physicist

Father of Atom Age Passes at Princeton

By EDWARD ELLIS

1955년 4월 18일 아인슈타인의 사망 기사

"있는 그대로의 사실을 배운다는 게 썩 중요하진 않다.

그런 거라면 대학에 갈 이유가 없다. 책으로도 충분히 가능하다.

대학 교양학부의 진정한 가치는 수많은 사실을 습득하는 것이 아니라

책에서 배울 수 없는 뭔가를 상상할 수 있도록 훈련하는 데 있다."

– 아인슈타인, 1921년, 토마스 에디슨의 대학무용론 주장에 대해

맨해튼 프로젝트

일본 히로시마에 투하된 핵폭탄, 리틀 보이 Little Boy

1945년 4월 28일 연합군과 남부 이탈리아의 유격대에게 무솔리니가 잡혀 비참한 최후를 맞이했다. 이 소식을 들은 히틀러는 전세의 불리함을 역전시키지 못함을 깨닫고 4월 30일 자살해 버린다. 이어 독일은 5월 8일 무조건 항복 문서에 서명한다. 이제 2차 대전을 일으킨 세력은 일본만 남았다. 계속 버티는 일본을 향해 미국은 엄청난 위력을 지닌 핵폭탄 '리틀 보이Little Boy'를 실은 B-29 전략 폭격기를 보낸다. 1945년 8월 6일 새벽의 일이다. 태평양의 한 기지에서 다섯 시간을 날아간 B-29는 그날 오전 8시 15분 히로시마에 리틀 보이를 떨어뜨린다. 태양보다 더 밝은 섬광이 지난 후 세상은 지옥으로 변해 있었다. 당시 15만 명의 사망자가 발생했고 도시는 쑥대밭이 되었다.

이어 8월 9일 또 다른 핵폭탄 '팻맨Fatman'이 나가사키에 떨어진다. 그날 4만 명이 죽었고 방사성 낙진에 의해 7만 5천 명이 추가로 사망했다. 일본은 견디지 못하고 8월 15일 일본 천황의 무조건 항복 선언에 이어 9월 2일 결국 항복 문서에 서명한다. 이로써 2차 대전은 종결되었다.

핵폭탄의 위력을 온 세계가 확인한 시간이었다. 그런데 핵폭탄이 미국에 의해서 개발되지 못했다면 어떻게 되었을까? 핵 개발은 독일이 먼저 시작한 것으로 알려져 있다. 실제로 당시 독일에서는 노벨상 수상자인 베르너 하이젠베르크를 중심으로 핵 개발을 추진하고 있었다. 1938년에는 우라늄의 원자핵 분열에 성공했다는 소식도 전해졌다.

이 사실에 위기를 느낀 사람은 바로 아인슈타인이었다. 1933년 나치의 핍박을 피해 미국으로 망명한 아인슈타인은 2차 대전이 시작되던 1939년 헝가리계 유대인 레오 질라드와 함께 루즈벨트 대통령에게 편지를 보내 핵무기 개발을 선점해야 한다고 건의했다. 상황을 판단한 루즈벨트 대통령은 이들의 의견대로 핵무기 개발을 위한 기초 조직인 '우라늄 위원회'를 설립하라고 지시했다. 이것을 시작으로 미국의 핵무기 개발이 시작된다. 1942년에는 본격적인 핵무기 개발 계획이 비밀리에 진행되었는데 이것이 바로 '맨해튼 프로젝트'이다.

3년에 걸쳐 총 20억 달러의 비용과 연 인원 13만 명이 동원된 대규모 국가적 프로젝트였으며 총괄 책임은 레슬리 그로브스 장군이 맡았다. 그러나 실제적인 연구와 실험의 책임자는 독일계 유대인 물리학자 로버트 오펜하이머가 담당했다.

이 프로젝트에서 유대인은 지대한 공헌을 하는데 아인슈타인은 자문으로 참여했고 레오 질라드와 엔리코 페르미는 원자로를 건설했다. 그 외에도 아인슈타인 이후 가장 뛰어난 물리학자로 불리는 리처드 파인만, 수소폭탄의 아버지 오이겐 비그너, 원자핵 연구가 펠릭스 블로흐, 중성자를 연구한 에밀리오 세그레, 화학자 존 폰 노이만, 여성 과학자 리즈 마이트너 등 핵무기의 시조들은 모두 유대인이었다.

1945년 7월 16일 미국 뉴멕시코 주에서 첫 핵폭탄 실험이 이루어졌다. 15km 상공까지 치솟고 1.5km의 하늘을 덮은 거대한 버섯구름이 핵폭탄의 위력을 실감케 했다. 연구를 주도했던 오펜하이머는 후에 이렇게 말했다.

"나는 이제 세상의 파괴자, 죽음의 신이 되었다."

많은 사람들이 오펜하이머의 고백처럼 핵무기를 인류의 비극이라고 말하지만 만약 독일이 핵무기 연구를 성공시켰다면 인류의 역사는 어떻게 흐르고 있을까?

여하튼 미국의 유대인들은 맨해튼 프로젝트를 통해 미국의 발전에 지대한 공헌을 하게 되었고 이것을 계기로 미국 내에서 자신들의 영향력을 확실히 보장받게 되었다.

"갓 열리기 시작한 오이는 그 오이가 장차 맛있게 될지 어떨지 모른다."

- 탈무드

Genius Thinking

09 상상을 현실로
바꾸는 것이 예술이다
페기 구겐하임

"보물을 보존하여 대중들에게 보여주는 것이 컬렉터의 의무이다."

현대 미술의 브랜드, 구겐하임 가家

1943년, 당시 62세의 미국 건축계 노장 프랭크 로이드 라이트Frank Lloyd Wright에게 편지가 한 통 도착한다. 현대 미술관을 건축해 달라는 의뢰였다. 라이트는 흔쾌히 이 제안을 받아들인다. 7번의 설계 변경에 이어 749장의 도면을 남긴 이 미술관은 재단 설립자의 사망과 제2차 세계대전을 거치며 완공이 미루어지다가 16년이나 지나서야 완공된다.

뉴욕에 위치한 구겐하임 미술관

 뉴욕의 맨해튼, 엎어진 하얀 소라껍데기 모양의 미술관. 이 미술관은 처음에 주변의 클래식한 형식의 주택가와 어울리지 않아 경관을 해친다는 평가를 받기도 했다. 그러나 지금에 와서는 그 현대적인 건축 형식은 물론이요 안에 그득한 현대 미술 작품들까지 맨해튼의 랜드마크 역할을 톡톡히 하고 있다. 뉴욕뿐 아니라 독일, 스페인, 이탈리아에서도 마찬가지다. 이제 구겐하임 가문은 현대 미술계에서 하나의 브랜드로 작용한다. 21세기에 들어 구겐하임의 이름을 건 미술관의 방문객 수는 300만 명을 넘어섰다.

'구겐하임' 가문을 미술계의 브랜드로 만든 그 기반을 제공한 사람은 구겐하임의 가주, 마이어 구겐하임이었다. 그는 스위스의 독일계 유대인 가정에서 태어나 청년 시절 맨몸으로 미국에 건너왔다. 수입 상사로 80만 달러를 번 마이어는 1880년대 초 광업의 가능성을 보고 전 재산을 투자한다. 이어 그의 사업은 승승장구하여 몇 개의 광산을 소유하게 되었고, 1900년대 초, 미국 광업계를 거의 점령하다시피 했다. 미국 광업의 기초를 닦은 마이어는 '19세기 세계 최대 부자 중 한 명'이라고 평가될 정도로 엄청난 자본을 쌓는다.

'광산왕'의 넷째 아들로 태어난 솔로몬 구겐하임은 아버지의 사업에 참여하는 한편, 30대부터 유럽의 유명한 그림들을 사 모으기 시작했다. 1919년 사업에서 은퇴한 뒤에는 근대 미술에 관심을 가지기 시작하여 미술 작품 수집에 더욱 몰두했다. 수집한 미술품은 여러 해를 거치며 점점 늘어났고 결국 미술관을 건축할 계획을 세우게 된다. 그리하여 그는 1943년 솔로몬 R. 구겐하임 재단을 설립한다. 그로부터 구겐하임 재단은 수십 년간 현대 미술 작품을 수집하고 전시하며, 여러 미술가들을 후원해 왔다.

구겐하임 미술관 가운데 이탈리아 베니스 분관은 다른 구겐하임 미술관들과 그 외양이 사뭇 다르다. 지중해의 햇살이 그림처럼 어울리는 18세기식 대리석 건물의 이름은 '팔라초 베니에르 데이 레오니Palazzo

Venier dei Leoni.' 또 다른 이름은 '페기 구겐하임 미술관'으로, 주인이 죽기 전까지 살았던 건물답게 그 생활이 곳곳에 묻어나 미술 작품들과 매력적인 조화를 이룬다. 이 미술관에서는 피카소, 페르낭 레제, 몬드리안, 칸딘스키 등 근·현대 미술계의 걸출한 화가들을 작품으로 만나볼 수 있다.

베니스에 위치한 페기 구겐하임 미술관

현대 미술과 사랑에 빠진 페기 구겐하임

'페기 구겐하임 미술관'의 주인은 솔로몬 구겐하임의 조카, 페기 구겐하임이다. 본명은 마거리트 페기 구겐하임Marguerite Peggy Guggenheim 으로, 1898년에 미국 뉴욕에서 태어난 페기는 열다섯 살이 될 때까지 학교에 가지 못하고 가정교사로부터 교육받았다. 그녀의 아버지 벤자민 구겐하임이 딸에게 고상한 취향을 가르치고 싶어 했기 때문이었다.

벤자민 구겐하임 1865-1912

그러나 아버지 벤자민 구겐하임Benjamin Guggenheim은 1912년, 그 유명한 타이타닉 호 침몰 사건으로 사망한다. 그는 침몰 당시 선원에게 구명 조끼를 돌려주었다. 그리고 옷을 갈아입고 와 "가장 어울리는 복장을 입고 신사답게 갈 것이다."라며 배와 함께 최후를 맞이했다고 전해진다. 3등 객실의 승객은 25%밖에 살아남지 못한 것에 비해 1등 객실 승객의 절반 이상이 살아남았다는 기록과 비견해 보면, 벤자민의 '명예로운' 죽음은 '노블리스 오블리주'의 하나의 전형을 보여준다.

벤자민은 사망 전에 형제들과의 동업에서 손을 떼고 막 독자적인 사업을 시작하고 있었다. 때문에 그의 죽음과 동시에 집안의 막대한 재산이 공중으로 흩어졌다. 그렇게 아버지의 죽음과 함께 어린 시절 '구겐하임의 가난한 친척'이라는 말을 들어야 했던 페기는 스물 한 살에 구겐하임 가문으로부터 막대한 재산을 상속받는다.

페기는 다음 해 프랑스 파리로 떠났고 그곳에서 현대 미술에 눈을 뜨기 시작했다. 1920년의 프랑스는 문예부흥기였던 벨 에포크La belle époque가 거의 끝나 곳곳에서 새로운 문화 조류나 경향이 시작되고 있었다. 그 움직임 속에서 예술을 좇는 수많은 예술가들과 비평가들은 거리로 나왔다. 페기는 이들과 교류하며 작업실에 초대받거나 전시회에 참석하는 등 작품에 대한 안목을 높였다. 특히 마르셀 뒤샹Marcel Duchamp에게서 현대 미술에 대해 많은 지식을 배웠다.

1934년 남편이 사망하자 페기는 외로움에서 비롯된 에너지를 모조리 미술계에 투자했다. 그리고 그 결과물로 1938년 런던에 '구겐하임 죈 Guggenheim Jeune 갤러리'를 열어 본격적인 작품 컬렉션에 나섰다.

"나의 모토는 '하루에 한 작품을 사는 것'이다."

– 페기 구겐하임

전쟁의 불길 속에서 현대 미술을 구해 내다

제2차 세계대전이 터지자 예술계가 발칵 뒤집혔다. 각자 몸도 건사하기 힘든 와중에 사치품에 속했던 미술 작품들의 값은 바닥까지 떨어졌다. 특히 당시 빛을 보지 못했던 추상주의, 초현실주의 작가들의 작품들은 심지어 쓰레기 취급을 받았다. 또한 유대계 예술가를 포함해 전쟁에 반대하는 목소리를 낸 수많은 예술가들 마저 위험에 처했다. 페기 그 자신도 역시 유대인이었으나 마지막의 마지막까지 작품 수집에서 손을 놓지 않았다. 그녀는 생각해 두었던 작품을 하루에 한 점씩, 모조리 구입하기로 마음먹는다. 사실 그녀가 마음먹지 않아도 전쟁 중에 미술품을 구입하고 싶어하는 사람은 없었으므로, 그녀의 회고에 의하면 '아침에 잠자리에서 일어나기도 전에 사람들은 침대로 그림을 가져왔다.'

또한 페기는 전쟁으로 위기에 몰린 예술가들을 유럽에서 탈출시키는 일에도 발벗고 나섰다. 대부분의 예술가들은 가난했기 때문에 피난할 여력이 없는 이들이 대부분이었다. 페기는 시인이자 초현실주의 미술 평론가이기도 했던 앙드레 브르통, 화가이자 판화가였던 마르크 샤갈 등을 비롯한 수많은 예술가들이 미국으로 무사히 건너갈 수 있도록 지원을 아끼지 않았다.

뉴욕으로 건너가기 전, 페기는 루브르에 자신이 사들인 작품들을 보관할 것을 요청했으나 거절당한다. 당시의 관점으로 그녀가 수집했던 초현실주의 작품들은 작품이라고 부를 수도 없을 만큼 가치가 없는 것이었기 때문이었다. 페기는 자서전에서 다음과 같이 말했다.

"실망스럽게도 루브르 박물관 측은 내가 가진 그림은 보존 가치가 없다고 판단하고 공간을 내주기를 거절했다. 그들이 보존적 가치가 없다고 판단한 그림은 칸딘스키 작품 한 점, 클레와 피카비아 작품 몇 점, 브라크의 입체주의 작품 한 점, 후안 그리스 작품 한 점, 레제 작품 한 점, ⋯⋯."

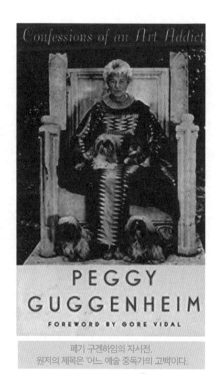

페기 구겐하임의 자서전.
원저의 제목은 '어느 예술 중독가의 고백'이다.

루브르에게 거절당한 미술품들 중 일부는 꽁꽁 싸매인 채 평범한 짐으로 위장되어 미국으로 건너갔다. 페기는 뉴욕에서 '금세기 예술 갤러리The Art of This Century Gallery'를 열어 이 작품들을 세상에 내놓는다. 페기는 당시 건축가 프레데릭 존 키슬러Frederick John Kiesler에게 갤러리 내부의 작품 설치를 포함하여 전반적인 인테리어를 맡겼다. 키슬러는 건축가임과 동시에 디자이너이자 조각가이기도 했다. 키슬러는 작품들을 액자에 가두지 말라는 페기의 요구조차 흔쾌히 받아들였다. 그리고 예술가적 기질을 발휘하여 페기의 갤러리를 자신의 또 다른 작품으로 만들었다.

페기가 열었던 금세기 예술 갤러리의 현장과 작품들

갤러리 자체가 작품이나 다름 없었기 때문에 작가와 작품, 관람객 사이에는 벽이 없어졌고, 누구나 와서 작품을 감상하고 대화를 나눌 수 있는 예술인들의 모임 장소가 되었다. 작품들은 물론이요 갤러리의 연출 방식, 그 분위기가 여타 갤러리들과는 달랐기 때문에 사람들이 모여들었다. 페기는 나치를 피해 뉴욕으로 피난 온 샤갈, 이브 탕기, 앙드레 마송, 쿠르트 셀리히만 등과 미국의 신생 화가 잭슨 폴락, 마크 로스코 등을 위해 만남을 주선했다.

또한 페기는 공모전을 열어 작가를 발굴하기도 했는데, 그 대표적인 인물이 잭슨 폴락이다. 당시 아무런 의미 없이 물감을 흩뿌리는 기법은 몇몇 작품에서 사용되기는 했지만, 폴락처럼 캔버스 전체를 그와 같은 방식으로 채우는 예술가는 없었다. 폴락은 심지어 거대한 캔버스 위에서 담배를 물고 뛰어다니며 작업하기도 했다. 그의 작품들을 두고 미술 평론계에서는 이것이 예술이냐 아니냐 논란이 일었다. 그러나 페기는 폴락을 둘러싼 논란에도 눈 하나 깜박하지 않고 그에게 생활비까지 주며 물심양면으로 후원했다.

그녀의 후원 덕분에 잭슨 폴락은 현재, 유럽에 비해 뒤처져 있었던 미국 미술을 오늘날의 위치로 끌어올린 공신으로 여겨진다. 또한 결과인 작품뿐만 아니라 그 과정까지 예술로 인식하는 '액션 페인팅'의 '개념 미술'을 창시했다고 평가된다.

컬렉터의 의무, 보물을 보존하여 세상에 보이는 것

"20세기는 이미 우리에게 충분히 많은 천재를 선사했고, 더 이상을 기대해서는 안 된다. 좋은 밭을 만들기 위해선 이따금 놀려 두어야 하지 않는가! 오늘날 예술가들은 독창적이라기에는 너무 열심히 노력하고 있다. 바로 이런 이유에서 그런 그림들은 더 이상 그림이 아니다. 지금으로서는 20세기가 배출해 낸 이들에 만족해야 할 것이다. ……. 지금은 창작의 시대가 아니라 수집의 시대이다. 우리가 가진 위대한 보물을 보존해 대중에게 보여줄 의무가 우리에게 있지 않은가."

그녀가 자서전에서 말한 대로, 페기는 그림으로 돈벌이를 하는 이들을 경멸했으며 오로지 '컬렉터'의 의무에 충실했다.

페기 구겐하임은 누구나 인정하는 현대 미술의 전설적인 컬렉터다. 그녀는 단순히 돈벌이로서 미술 작품을 수집한 것이 아니라 진정에서 우러나오는 현대 미술에 대한 사랑으로 그들을 지켜냈다. 또한 당시 미술계에서 낙서쟁이 취급받던 추상미술, 초현실주의 화가들을 후원하고 지지했다. 차가운 현실 속에서 그들이 세상에 작품을 내보일 수 있도록 공간을 제공했고 또한 고립되지 않도록 만남의 장을 열었다.

페기 구겐하임은 뛰어난 안목으로 미술계의 흐름 속에서 앞선 경향을 일찍이 알아챘으며 그것들을 '누군가'는 지켜야 한다는 믿음으로 그들을 수호했다.

페기 구겐하임의 사후, 그녀가 모았던 미술품들은 모두 그 숙부가 설립한 솔로몬 R. 구겐하임 재단에 기증되었다. 이로써 구겐하임 가문은 누구도 부정할 수 없는 현대 미술의 보호자로서 우뚝 서게 된 것이다. 아직까지도 솔로몬 R. 구겐하임 재단은 여러 예술가들과 교류하여 기획 전시를 열고 있다. 구겐하임 가문은 과거의 미술을 보존하고 현대의 미술을 지지하며, 미래의 예술을 후원하고 있다.

"장소를 바꾸고 시간을 바꾸고 생각을 바꾸면 미래가 바뀐다."

— 페기 구겐하임 미술관

프로이트, 무의식을 해방하다

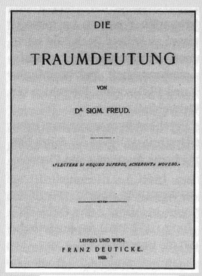

프로이트의 『꿈의 해석Die Traumdeutung』

"나는 내가 존재하지 않는 곳에서 생각한다. 그러므로 나는 내가 생각하지 않는 곳에서 존재한다."

프로이트는 1856년 오스트리아-헝가리 제국에서 태어났다. 유대계 사업가인 그의 아버지는 마흔 살의 나이에 스무 살 차이가 나는 여성과 재혼했다. 그 첫 아이가 프로이트였다.

집안의 경제 사정은 어려웠지만 부모님은 프로이트에게 최상의 교육을 제공하는 데에 망설임이 없었다. 특히 프로이트의 어머니는 프로이트에게 넘칠 정도의 사랑을 주었기 때문에, 그의 아버지가 질투를 했다는 일화도 전해진다. 어릴 적부터 총명했던 프로이트는 수석에 수석을 거듭하며 교육을 마쳤다. 의학 박사학위를 따며 대학을 졸업했으나 신경해부학, 신경병리학에도 관심을 가지게 되었다.

데카르트 철학의 제1명제, "나는 생각한다, 고로 존재한다."를 혁명적으로 뒤집으며 등장한 프로이트가 주장한 내용들은 하나같이 기존 지성계를 완전히 무시하는 내용들이었다. 전통 서양철학은 인간을 인간으로 만드는 제1의 특성을 성찰하는 능력과 사고, 합리성으로 꼽았다. 그래서 당대의 사람들은 이성으로 해결되지 않는 문제는 미개하고 사악한 것으로 치부해 터부시해 버렸다. 그러나 프로이트는 사람들이 외면하려고만 했던 주제를 사람들 앞에 꺼내 보였다. 무지, 비합리성, 섹스와 같은 것들이었다.

"무의식이 인간 행위의 진정한 장소이다"

〈타임〉지는 프로이트를 20세기에 지대한 영향을 끼친 인물 중 하나로 꼽았다. 아인슈타인과 함께 20세기 가장 위대한 과학자로 거론되기도 한다. 무의식의 발견은 때로 코페르니쿠스의 지동설과 다윈의 진화론과 함께 회자된다. 지동설은 인류를 우주의 중심에서 끌어내렸고, 진화론은 인류에게서 불가침의 신성神性을 빼앗았다. 그리고 프로이트의 '무의식'은 인간이 스스로를 통제할 수 없는 무의식의 노예라고 낙인찍었다. 프랑스 철학자 루이 알튀세르는 "코페르니쿠스 이후 우리는 우주의 중심이 아니었고, 마르크스 이후 우리는 역사의 중심이 아니었다. 프로이트는 우리가 그 인간의 중심이 아님을 보여주었다."라고 했다.

그가 주장했던 이론 가운데 일부는 심리학계의 뒤편으로 사라졌지만, 그가 의학, 문학, 예술, 교육 등의 분야에 끼친 영향력은 지대하다.

히치콕의 영화 〈사이코〉의 포스터와 〈심슨 가족〉의 코믹북

　알프레드 히치콕 감독의 등장 이래 영화는 물론이요, 소설부터 〈심슨 가족〉 같은 애니메이션에 이르기까지 프로이트의 영향을 받지 않은 것을 찾기 어려울 뿐더러 그것을 분리해 내기도 힘들 정도이다. 심리학 · 철학 · 사회학 · 교육학 · 문예학 심지어 신학에서조차 정신분석학을 새로운 인식의 틀을 제공하는 창으로 인정한다. 프로이트의 생각과 이론은 전 학문계를 비롯한 사회 전체에 광범위한 영향을 끼쳤고, 그는 아직까지도 정신분석학의 위대한 창시자로 남아 있다.

Money

돈의 천재들은 돈을 지배한다. 돈은 사물의 경제적 가치를 나타내며, 상품 교환의 수단이고, 재산 축적의 대상이다. 고대 사회에서는 직접적인 물물교환을 하였으나 그 후에는 금, 은, 동과 같은 화폐 대용 수단을 썼다. 그리고 어느 순간부터 종이로 된 화폐가 등장했다. 이후 어음과 같은 대용수단도 생겨났다. 돈의 용도가 역사에 출현한 이래 돈을 많이 가진 자가 세계를 지배하고 이끌어 왔다.

3

돈을 지배하는
천재의 생각법

"뜻하지 않은 천재지변과 재난으로부터 생명을 보장해주는 것은

오직 현금밖에 없다."

– 탈무드 격언

10 조개 속 진주보다 껍데기가 더 귀할 수 있다
마커스 새뮤얼

"우리 사업은 유가를 예측하는 것과는 무관하고, 관심도 없다.

다만 이것이 우리 사업에 장기적으로 어떤 영향을 줄지 연구할 뿐."

– 로열더치셸 CEO 피터 보저

조개껍데기 장사에서 시작된 더치셸

세계에서 두 번째로 큰 석유 회사가 남들이 버린 조개껍데기 장사에서 시작되었다면 믿겠는가? 로열더치셸 석유의 상징이 200년이 넘게 조개껍데기 마크인 것에는 이유가 있다.

일본이라는 낯선 땅에 맨몸으로 온 영국 소년은 쇼난湘南의 바닷가에서 조개를 캐는 어부들을 보게 된다. 그들은 조개를 갈라 살만 파내어 담고 껍데기는 다시 내팽개쳤다. 모래밭에 나뒹구는 하얗고 맨들거리는 조개껍데기를 보자마자 그의 머릿속에서 번쩍하는 아이디어가 떠올랐다. 남들이 거들떠보지도 않는 조개껍데기를 진주로 발견한 사람, 로열더치셸 석유의 창업자 마커스 새뮤얼이다.

현재 일본 쇼난의 모습

마커스 새뮤얼은 1853년 11월 5일 런던에서 11형제 중 열째로 태어났다. 마커스가 유대인 학교에 적응하지 못하자 아버지는 무역업을 잇게 했다. 차에 잡화를 싣고 팔러 다니던 노점상이었던 그의 아버지는 아들에게 3등칸 배표를 사주고 여행을 보냈다. 그러면서 몇 가지 당부를 했는데, 아버지가 나이가 들었으니 집에 있는 많은 식구를 위해 장사거리를 궁리해 보라는 것이었다.

요코하마에 본격적으로 마커스 상회를 차리다

19세의 마커스는 배의 마지막 기항지인 일본의 요코하마 항에 내렸다. 마커스는 당시 막 문호를 개방했던 신천지에서 뭔가 기회를 잡을 수 있을 것 같다는 막연한 느낌이 들었다. 그러나 현실의 마커스는 믿을 만한 사람도, 마땅한 신용도 없는 혈혈단신 이방인일 뿐이었다. 며칠 동안 뾰족한 대책 없이 요코하마를 방황하던 마커스는 거저나 다름없는 조개껍데기를 주워다가 단추와 장난감을 만들었다. 또 당시 일본에 있던 공예품을 모방해서 옻칠한 조개껍데기로 장식한 작은 상자 등을 만들었다. 마커스는 그렇게 만든 물건을 아버지에게 보냈다. 곧 런던에서 마커스가 만든 상품들이 팔리기 시작했다. 장난감보다는 자잘한 물건을 담아놓을 수 있는 이국적인 상자가 인기를 끌었다.

조개로 장식이 된 상자

마커스는 25세가 되던 해에 요코하마에서 본격적으로 마커스 새뮤얼 상회를 창업하고 일본에서 여러 가지 상품의 제작을 의뢰하거나 사들였다. 그러나 마커스는 거기에 만족하지 않았다. 일본의 잡화를 영국에 수출하는 것 외에 다음 단계로의 도약을 생각했다. 그는 조개껍데기를 보고 아이디어를 얻었던 것처럼 완전히 새로운 분야야말로 큰 가능성이 있을 것이라고 믿었다.

석유의 시대 개막과 함께 유조선 사업을 시작하다

그즈음 미국에서는 록펠러가 석유 사업에 뛰어들었고 러시아는 유전을 개발하기 시작했다. 바야흐로 석유 시대의 막이 열리고 있었던 것이다. 그러나 당시 일본이나 중국에서는 난방을 위한 연료로는 목탄밖에 사용하지 않았다. 마커스는 거기에 착안하여 일본과 중국에 경유와 등유를 팔 것을 계획했다. 그는 아버지가 경영하는 상회를 통해 주문자 위탁 생산OEM 상품을 영국으로 보냄으로써 상당한 목돈을 모아놓고 러시아와 거래하기로 결심한 상태였다. 관건은 세계 각지의 소비지까지 석유를 어떻게 안전하게 운반할 수 있는가였다.

당시 석유는 5갤런 짜리 깡통에 담겨 운반되었는데 도중에 쓰러지기 일쑤였다. 혹시나 쏟아지기라도 하면 청소비용이 추가로 들었기 때문에 선주들은 석유 싣기를 꺼렸다. 그래서 석유 깡통들은 넘어지지 않도록 밧줄로 꽁꽁 묶는 까다로운 작업을 거쳐야만 했다. 그러나 마커스는 깡통을 쓰러지지 않게 하는 방법을 고민하지 않았다. 그는 아예 배를 통째 석유로 채웠다. 배 전체가 하나의 떠있는 기름 탱크가 되는 석유 운반 전용선을 착안한 것이다. 이것이 세계 최초의 유조선이었다.

마커스는 유조선을 '뮤렉스(뿔고둥)'라고 이름 지었다. 청년 시절 해변에서 조개를 주웠던 자신의 여명기를 기념하여 조개의 이름을 딴 것이었다. 뮤렉스는 기름을 가득 싣고 전 세계를 순조롭게 항해했다.

어느 날, 러시아에서 출발하여 수에즈 운하를 지나 가려던 뮤렉스가 위험하다는 이유로 통과를 거부 당한다. 이때 마커스는 혹시 모를 사고에 대비하여 뮤렉스가 운하를 빠져나갈 때까지 다른 배들을 통 제할 것을 제안했다. 그 결과 할증요금을 지불하 기로 합의하고 뮤렉스를 통과시키는 데 성공한다.

당시 마커스는 석유 공급을 러시아에만 의존하고 있는 것에 불안을 느꼈다. 러시아 정부가 러시아산 석유를 외국 배가 운반하는 것을 금지 하려는 움직임을 보이고 있었기 때문이었다. 그래서 그는 다시 눈을 돌 렸다. 마커스는 이미 소규모 유전이 가동되고 있었던 인도네시아의 유 전 개발에 투자했다. 마커스가 발굴한 이 유전은 인도네시아에서 생산 량이 가장 많은 곳이었다. 한편, 그는 8척의 유조선을 잇달아 발주, 건 조하였고 이 배들은 세계 최초이자 최대 유조선단이 되었다. 그 무렵 수에즈 운하를 통과하는 유조선의 거의 대부분이 새뮤얼의 유조선들이 었으니 그의 유조선단이 얼마나 큰 규모였는지 짐작된다.

마커스는 1897년 셸 무역회사를 설립했다. 이는 세계 최초의 유조선 산업의 출현이었다. 마커스의 석유 사업이 성공하면 성공할수록 영국 인들 사이에서 유대인이 석유 산업에서 군림하고 있는 것에 대한 반발 이 높아졌다. 이에 그는 결국 회사를 네덜란드와 영국의 자본인 로열더치에 매각하고 합병하기로 결정한다. 사실 로열더치의 자본 대부분은 로스차일드 가문에서 흘러 들어온 것이었다.

이때 회사의 이름은 '로열더치셸'로 바뀐다. 그는 회사를 매각 합병하면서 몇 가지 조건을 제시했다. 그 하나는 소수 주주라 하더라도 반드시 마커스의 혈통을 이은 사람을 임원에 앉히는 것이고, 또 하나는 사업 발상의 역사적 상징으로 조개껍데기 마크를 영원히 사용해야 한다는 것이었다. 200년간 변하지 않은 조개껍데기 마크는 이렇게 탄생되었다.

로얄더치셸의 로고는 아직도 조개껍데기 무늬

일견 조개껍데기와 석유 산업이 아무런 상관이 없어 보이기도 한다. 그러나 조개껍데기는 그가 발견한 '진주'였다. 아무도 그것에 관심을 두지 않을 때 마커스는 조개껍데기로 새로운 가치를 창조했다.

지금도 셸 석유 영업소에는 그의 조건대로 조개껍데기 마크가 걸려 있으며, 로열더치셸의 유조선에는 조개의 종류를 이름으로 붙이고 있다. 마커스는 유럽과 아시아의 석유 시장을 석권하여 '석유의 나폴레옹' 또는 '유럽의 록펠러'로 불린다. 마커스가 석유로 기대 이상의 성공을 거두게 된 것은 시대가 석유를 필요로 하게 된 시대적인 행운도 있지만, 더 중요한 이유는 그의 선견지명이었다.

　그는 일본과 중국에서 아무도 연료로 생각하지 않았던 석유를 팔았
고, 석유 깡통이 배에서 쏟아지자 아예 배를 석유로 채울 생각을 했다.
러시아에서의 석유 판매 활로가 막히자 아예 유전 개발에 투자하여 다
른 길을 찾았다.

　장사란 가치를 파는 일이다. 원하는 사람이 많고 물건이 적으면 가치
가 오른다. 마커스는 그것을 잘 알고 있는 장사꾼이었다. 그는 조개껍
데기를 진주로 볼 줄 아는 눈을 가지고 있었다. 막힌 벽을 뚫는 것이 아
니라 벽이 없는 길을 찾았다. 그는 사업가로 그치지 않고 영국에서 기
사작위를 받은 바 있으며 1902년 49세 때에는 런던 시장에 취임하기도
했다.

마커스 새뮤얼은 어려웠던 젊은 시절을 회상하며 이렇게 말했다.

"나는 죽음의 위협을 피해 런던으로 피난 온 가난한 유대인 집안의 아들이었다. 낯선 땅에 도착해 해변에서 조개껍데기를 줍던 시절, 내 주머니에는 아버지에게 받은 5파운드밖에 없었다. 나는 그날 양손에 5파운드와 조개껍데기를 움켜쥐고 이날을 잊지 않겠다고 맹세했다. 내가 지금 백만장자가 될 수 있었던 것은 그날의 기억을 한순간도 잊지 않았기 때문이다."

시간과 공간에 따라 존재의 가치가 달라진다
① 일본의 조개껍데기를 영국으로 보내 상품으로 만든 마커스
② 석유의 시대가 열리자 배를 개조해 석유이동 유조선을 착안하다

"껍질만 보지 말라. 안에 들어 있는 것을 보라."

– 탈무드

"돈을 사랑하는 마음만으로는 부자가 될 수 없다.

돈이 당신을 사랑하지 않으면 안된다."

- 유대 격언

Genius Thinking

11 돈을 벌려고 하지 말고
돈의 생리를 감지하라

조지 | 소로스

"내가 보는 바로는, 역사적 과정은 자유롭다.
그것의 주요 추진력은 참여자들의 편견에 의해서 행해진다."

철학자로는 실패했지만 투자의 신이라 불리는 사람

"조지 소로스, 다시 투자 전선에 뛰어들다!"

2016년 6월 9일 〈월스트리트저널〉은 2007년 이후 투자 일선에서 떠났던 조지 소로스의 컴백소식을 전했다. 복귀한 소로스는 직접 주식을 팔고 금을 매입해 안전투자를 확대했다. 그것은 향후 글로벌 경제의 혼

란과 증시 약세를 예상했기 때문이었다.

　그의 예상은 적중했다. 2016년 6월 23일 영국에서 브렉시트가 일어난 것이다. 브렉시트 사태 직전 그는 파운드화의 급락을 예고했는데 이것도 정확히 맞아떨어졌다. 수많은 투자가들이 엄청난 손해를 입고 손을 턴 브렉시트 사태의 소용돌이에서 조지 소로스만 건재했다. 소름 끼치도록 놀라운 분석 덕이었다.

　아직 일어나지 않은 일을 미리 알고 있는 듯한 통찰력을 지닌 조지 소로스는 20세기 최고의 펀드 매니저이자 투자의 신이라 불린다. 한편으로는 금융사냥꾼 혹은 환투기꾼이라고 비난받기도 한다. 하지만 그는 스스로를 '실패한 철학자'로 규정한다. 실제로 그는 대학 시절 철학자를 꿈꿨지만 여러 가지 사정으로 그렇게 되지 못했다. 그러나 철학자의 길에서 물러나 1969년 4백만 달러로 시작한 자신의 투자회사 '퀀텀 펀드'는 35년이 더 지난 지금 300억 달러의 자산을 운용하는 회사로 성장했다.

　'퀀텀 펀드'는 설립 후 10여 년간 4,200%가 넘는 수익률을 기록했다. 이는 현재까지 누구도 따라갈 수 없는 독보적인 기록이다. 조지 소로스는 〈포브스〉가 발표한 2016년 미국 400대 부자 순위에서도 249억 달러의 개인 재산으로 19위에 올랐다.

헝가리 유대인 가정에서 태어난 조지 소로스

소로스는 1930년 헝가리의 변호사 가정에서 태어났다. 그의 집안은 원래 슈바르츠Scswartz라는 성을 가진 유대인 집안이었는데 반유대주의의 광풍을 피해 1936년 그의 아버지가 소로스로 성을 바꿨다. 1944년 제2차 세계대전의 와중에 나치 독일이 헝가리를 점령했을 때 그는 만 14세도 안 된 소년이었다. 하지만 그때의 경험이 그의 인생을 뒤바꿔 놓았다. 추방과 살해의 위협 속에서 그의 아버지는 먼저 가족의 신분을 바꿨다. 그리고 위조 신분증을 만들어 팔며 생명을 보존했다. 어려운 사람에게는 위조 신분증을 무료로 나눠주기도 했다. 그의 가족은 나치의 총탄을 무사히 피했다. 소련이 헝가리를 점령하여 나치의 지배에서 벗어나자 17세의 소로스는 영국으로 건너간다.

소로스는 영국의 런던정경대학에 들어가 공부를 시작하면서 철도역 짐꾼, 여행 상품 판매사원, 은행 수습사원 등을 통해 학비를 댔다. 식당에서 일하며 손님들이 남긴 음식으로 끼니를 해결하기도 하는 힘든 나날의 연속이었다. 하지만 그는 경제학 외에 복수전공으로 철학을 공부하며 철학자를 꿈꿨다. 자신이 태어난 세계를 보다 잘 이해하고 싶었기 때문이다.

1952년 대학을 졸업했지만 인생의 슬럼프가 찾아왔다. 몇 년간 방황하다 뉴욕으로 건너가 겨우 금융계에 입문한다. 그러나 안착하지 못하고 몇몇 회사들을 전전하며 성공과 실패를 반복한다. 그러다 1969년, 소로스는 드디어 로스차일드 자본의 도움으로 '퀀텀 펀드'를 설립하여 독립한다. 이때부터 수십 년간 소로스는 국제 환투기의 1인자로 입지를 굳힌다. 혹자는 헤지펀드를 만든 사람조차 소로스만큼 운용을 잘하지는 못했을 것이라고 말한다. 헤지펀드는 약세 통화, 기술주, 선물 등의 불확실한 침체 시장을 주로 공략하는 '고위험 고수익 투자'였다.

영국 파운드화를 공격하여 10억 달러를 벌다

"파운드화는 곧 폭락할 것이다."

1992년 9월, 헤지펀드 대부의 한마디에 금융 시장이 출렁거렸다. 영국 총리가 곧바로 반박했다. 소로스의 파운드화 평가 절하 발언은 영국의 장래에 대한 배신이라고 비난했다. 이어서 '파운드화는 굳건하다.'는 메시지를 전 세계에 알렸다. 하지만 1992년 9월 16일 수요일, 소로스의 예언대로 파운드화는 한계선까지 폭락한다.

유럽은 당시 단일 통화권 구축을 위해 유럽통화제도를 만들었다. 그리고 과도기적으로 회원국 간의 환율을 고정시켰다. 그러나 통일 독일이 어려운 자국 상황으로 초고금리 정책을 펴자 회원국 간에 문제가 발생했다. 독일 상황에 맞추어 자국 금리도 올려야 하는 형편이 되어 버린 것이다. 그러나 금리 인상은 회원국들을 파산 위기에 빠지게 했다. 몇몇 국가는 통화제도 탈퇴를 선언했다.

바로 이때 영국이 파운드화 방어를 선언한 것이다. 소로스는 영국의 허세를 간파하고 즉시 공격을 개시했다. 100억 달러나 되는 현금을 투입했다. 결국 영국은 파산 위기에 직면하고, 백기를 들고 탈퇴를 선언한다. 이를 '검은 수요일 사건'이라고 한다. 소로스가 이 한 달 만에 벌어들인 돈은 약 10억 달러였다. 그해 소로스 펀드의 운용수익률은 68.6%를 기록했다.

1992년 9월 16일 당시 신문 기사들

도쿄 외환 시장 공습으로 막대한 이익을 챙기다

1995년에는 도쿄 외환 시장을 공습한다. 4월 10일 월요일, 엔-달러 환율은 83.35엔으로 거래를 시작했다. 당시 도쿄 외환시장은 금융당국의 과도한 간섭 때문에 독자성이 매우 취약했다. 도쿄 외환 시장은 전날 뉴욕과 런던 외환 시장의 시세를 주로 반영했다. 그러나 바로 전 주말의 뉴욕과 런던 외환 시장이 쉬었기 때문에 이날 도쿄의 시세를 결정했던 기준은 시드니 외환 시장의 환율이 되었다. 소로스는 시드니 시장에서 이른 시간부터 엔화를 무더기로 매입했다. 시드니 시장의 오픈 시간은 일본 시간으로 새벽 여섯 시였기 때문에 일본 금융 시장의 개입이 어려웠다. 소로스가 시드니에 개입했다는 소식에 개장 전부터 도쿄 외환 시장은 동요했다.

아니나 다를까, 도쿄 외환 시장의 거래가 시작되자마자 엔화는 초강세였다. 미국계 헤지펀드들을 비롯한 대만, 싱가포르, 인도네시아 등의 금융기관들도 소로스를 따라 너도나도 도쿄 외환 시장에서 보유하고 있던 엔화를 대거 사들이기 시작했기 때문이다.

불과 90분 만에 엔화는 5%나 올랐다. 사상 최고의 하루 엔고 상승률을 기록했다. 기겁을 한 일본은 10억 달러의 거금을 풀어 달러화를 사들였다. 동시에 일본 은행은 정부의 금리인하 요구를 수용한다고 선언했다. 도쿄 외환 시장 공습으로 소로스가 막대한 이익을 얻은 것은 당연한 일이다.

연평균 30%의 수익률을 올리는 퀀텀펀드

조지 소로스가 수익률을 내기 위해 주로 투자하는 분야는 위험 부담이 높은 금융선물, 옵션거래로 이루어지고 있다. 순식간에 몇 배의 이익을 거머쥘 수도 있는 한편 실패하면 원금을 한꺼번에 날려버릴 수도 있는 투자 방식이다.

소로스가 다른 투자가와 다른 점은 여기에 있다. 위험이 많은 분야가 어떤 것인가를 알아보고 그런 불확실한 틈을 이용해 자신의 영역을 넓혔다는 점이다. 1992년의 검은 수요일과 1995년 도쿄 외환시장 공습으로 큰 수익을 낼 수 있었던 것도 이러한 이유 때문이었다. 국가를 대상으로 하는 위험한 판이었지만 그 속의 불확실한 요소에 겁먹지 않고 오히려 그것을 약점으로 보았다. 소로스의 오랜 측근이자 펀드 매니저인 스탠리 드루켄밀러는 "소로스는 어지간한 손해는 개의치 않고 항상 새로운 수익 창출을 위한 전략을 짜낸다."고 말한다.

소로스는 퀀텀 펀드를 통해 최고의 수익률을 올려 전설적인 투자가의 반열에 올랐다. 현재도 퀀텀펀드는 연평균 30%의 수익률을 자랑한다. 소로스는 투자의 원칙으로 삼는 기본적인 원리를 가지고 있다. '재귀성의 원리'가 그것이다. 재귀성의 원리를 설명하자면 이렇다.

주식시장에는 '현실'과 '편견'이 있다. 현실은 기업의 건전성이나 경기 전망 같은 것을 말한다. 편견은 꼭 그렇지 않은 것을 꼭 그렇다고 대

다수의 사람이 믿어버리는 것이다. 예를 들면 'A는 호재'라고 하면 꼭 호재로 작용하지 않는 상황에서도 호재로 믿어버리는 그런 경우이다.

A를 호재라고 생각하는 편견에 의해 투자가 일어나서 주식이 올라가기 시작하면 한동안 오류라는 것을 알아채지 못한다. 대부분 그것이 옳다고 믿으므로 주가가 계속 오르기 때문이다. 따라서 현실과 편견은 점점 간극이 벌어지고 결국 더 이상 버티지 못하는 구간까지 가고 만다. 기대되는 시장의 규모보다 훨씬 과대평가된 상태에서 멈춘다. 거품인 것이다. 그 지점에서 시장은 바로 뒤집어져 버린다. 이것이 바로 '재귀성'이다.

소로스는 이 불확실한 편견을 이용한다. 달아오를 무렵 산 주식을 뒤집어지기 직전 팔아치우는 것이다. 그런데 이 지점을 알기는 쉽지 않다. 대세가 바뀌는 전환점을 파악하는 것이 소로스의 노하우라고 할 수 있다. 소로스가 노리는 것은 불확실성의 힘이다.

돈의 생리를 파악하고 길들이다

위와 같은 요인들이 소로스가 금융시장에서 독보적으로 앞서 나갈 수 있었던 이유다. 그는 남들과는 다른 관점으로 돈의 생리를 파악했다. 그래서 돈을 길들였다. 만약 조지 소로스가 돈을 좇기만 했다면 절대로 위험을 무릅쓰고 헤지펀드에 뛰어들 수 없었을 것이다.

조지 소로스의 『미국 패권주의의 거품』

"현실은 영원히 우리가 잡을 수 없는 움직이는 목표이다.

참여와 이해는 서로를 간섭하며,

그로 인해 우리의 이해는 본질적으로 불완전하며

우리의 행동은 의도하지 않았던 결과를 낳는다.

나는 사고와 현실간의 양방향 관계를 '재귀성'이라고 부른다.

이것이 나의 개념적 토대이다."

– 조지 소로스, 『미국 패권주의의 거품』

위험 속으로 뛰어드는 것같이 보이지만 그 생리를 이해하고 있었기 때문에 실은 돈을 사냥하러 가는 것과 같았다. 그는 일단 판단이 서면 10분, 20분 만에 일처리를 끝냈다. 소로스의 세밀한 분석력과 번개 같은 판단력 그리고 그보다 빠른 행동력, 무엇보다 웬만한 위험으로는 망설이지 않는 대담한 사고방식은 타이밍이 생명인 투자업계에서 그를 일인자로 만들어주었다.

돈은 따라간다고 벌리는 것이 아니다
① 돈을 벌려면 돈의 생리를 알아야 한다
② 돈의 생리를 알려면 사람과 세상의 본질을 파악하라

지난 번 빌린 큰 돈을 갚을 날짜가 내일 아침으로 다가왔다. 야곱은 우리 안에 있는 백곰처럼 거실을 서성거렸다. 잠자리에 들 생각도 하지 않고 안절부절했다. 아내 레베카가 침실에서 보다 못해 하품을 하고 나와서 소리쳤다.

"아직도 안 자고 뭐하세요?"

"내일 아침까지 돈을 갚아야 하는데… 불안해서 잠이 와야 말이지!"

"그럼 갚을 방법이라도 있어요?"

"물론 없지. 갚을 길이 있다면 내가 이렇게 불안할 까닭이 있겠소?"

"거봐요. 아무 방법도 없잖아요. 그러면 그냥 주무세요. 잠 못 들어 서성거리는 쪽은 받아야 할 사람일테니까요."

유대인 농담

숨겨진 유대인 이야기
다이아몬드는 영원히, 유대인의 다이아몬드

 2016년 5월 18일, 스위스 제네바에서 열린 경매에서 14.62캐럿 다이아몬드가 5,680만 스위스프랑에 낙찰되었다. 한국 돈으로 약 685억 원에 달한다. 세계에서 최고로 비싼 보석의 탄생이었다.

 매끈한 표면의 완벽한 컷팅과 매우 드문 푸른 빛을 자랑하는 이 다이아몬드의 이름은 '오펜하이머 블루.' 세계의 보석 산업계를 쥐고 흔든 거물, 드비어스 사의 회장 어니스트 오펜하이머의 이름을 딴 것이다. 그는 생전에 개인적으로는 다이아몬드를 소유하지 않는 것으로 유명했는데, 그가 선택한 단 하나의 다이아몬드가 이것이었다.

 "만약 자연 상태의 다이아몬드를 발견하게 된다면 당신은 줍지 않을 것이다."

– 귀스타브 플로베르

 원래 보석의 가치는 색이 있고 선명할수록 높다. 다이아몬드는 가공하기 전에는 무색의 투명한 돌에 불과하다. 그렇기 때문에 붉은 루비나 푸른 사파이어보다 무색의 다이아몬드는 모양을 가공한 후에야 높은 가치가 매겨졌다. 다이아몬드의 가치에 불을 붙인 것은 '브릴리언트 컷'이라는 연마법이었다. 17세기말 베네치아의 유대인 페르지가 개발한 기법인데, 총 58면으로 가공된 다이아몬드는 굴절이 일어나 사람의 눈에는 무지개색으로 보인다. 심지어 브릴리언트 컷은 가공 시 깎여 나가는 보석의 양이 가장 적은 효율적인 가공법이었다.

이 가공법으로 이득을 본 것은 앤트워프의 보석상들이었다. 이들은 1492년 스페인에서 '가톨릭 신앙에 해악'을 준다는 이유로 추방당한 유대인들이었다. 쫓겨 나올 때 보석을 품에 감추고 있었던 그들은 벨기에 앤트워프에 정착하여 보석 거래를 시작한다. 얼마 되지 않아 앤트워프는 보석 거래의 중심지가 된다.

브릴리언트 컷의 개발로 다이아몬드의 가치가 하늘 높은 줄 모르고 상승하자, 앤트워프의 유대인 보석상들은 다이아몬드 최대 산지였던 인도의 유대인 공동체와 교류하며 원석을 들여와 가공하여 팔았다. 이렇게 유대인은 수입, 가공, 수출, 유통의 전 과정을 모두 장악해 다이아몬드를 유대인만의 산업으로 만들어 버린다.

"다이아몬드는 영원히"

감미로운 음악과 함께 광고 카피를 들어 보았을 것이다. 다이아몬드 산업의 대명사, 드비어스사의 광고이다. 1870년대 드비어스 형제의 밭에서 83.5캐럿(1캐럿 0.2g)짜리 다이아몬드가 발견된 이후 영국인 세실 로즈에 의해 성장하던 드비어스사는 1920년대 말, 대공황으로 위기를 맞는다. 이때 드비어스 사를 인수한 다이아몬드 광산회사가 있었으니, '앵글로 아메리칸'이다. 앵글로 아메리칸의 사주였던 어니스트 오펜하이머는 유대계 상인으로, 대공황과 제2차 세계대전을 기회로 전 세계 다이아몬드 시작을 장악하며 다이아몬드 산업의 독보적인 존재로 부상했다.

오펜하이머가 사망할 무렵 드비어스사는 세계 다이아몬드 시장의 80~90%를 장악한 상태였다. 2000년대 초반까지 '다이아몬드를 구매하는 일'은 곧 드비어스의 다이아몬드를 사는 것과 같았다. 다시 '다이아몬드는 영원히'라는 드비어스의 광고를 보면 어디에도 '드비어스의' 다이아몬드를 사라는 말은 없다. 왜냐하면 어디서 어떤 다이아몬드를 사도 결국 그것은 드비어스로부터 나온 다이아몬드일 것이기 때문이다.

뉴욕 맨해튼 47번가 5번 도로. 이 거리에서 하루 6천8백만 달러, 즉 750억 원 정도의 매출이 일어난다고 한다. 바로 '다이아몬드 거리'이다. 300미터 정도의 거리에 도열한 건물의 각층에는 4,000여 개의 다이아몬드 관련 업체가 빼곡히 입점해 있다. 도매상, 소매상, 제조, 유통업체까지 전 분야를 아우른다.

다이아몬드 거리의 곳곳에서는 검은 모자를 쓰고 수염을 기른 사람을 흔히 볼 수 있는데, 이들은 유대인이다. 사실 다이아몬드 거리의 95%는 유대인이 장악하고 있다. 이곳에서 이루어지는 거래만 해도 세계 다이아몬드 시장의 60%를 차지한다고 하니 바꿔 말하면 전 세계 다이아몬드는 유대인들의 손에 있다는 말이다.

그러나 유대인과 드비어스의 독점으로 인해 다이아몬드는 오히려 가치가 떨어지고 있다. 왜냐하면 독점의 영향으로 실제 보석의 감정 가치보다 배가 넘는 가격으로 판매하는 등의 일들이 빈번했기 때문이다. 다이아몬드를 살 때보다 팔 때의 가격이 낮아지자 사람들은 다이아몬드를 '자산'으로서 취급하지 않게 되고, 금을 더 선호하게 된다.

그래서 나온 것이 다이아몬드의 마케팅이다. 사랑을 맹세하는 다이아몬드, 프러포즈 반지의 다이아몬드……. '특별한 날, 특별한 사람에게'라는 다이아몬드의 이미지가 만들어진 것은 최근이다. "다이아몬드는 영원히." 드비어스의 광고 카피는 아이러니하게도 다이아몬드가 유대인에 의해 독점되고 있다는 사실과, 그렇기 때문에 자산으로서의 가치는 오히려 크지 않다는 현실을 동시에 시사하고 있는 것이다.

"부자가 되는 유일한 길은 내일 해야 할 일을 오늘 하고,

오늘 먹을 음식을 내일 먹는 것이다."

– 탈무드 격언

Genius Thinking

12 설득하지 말고 경험하게 하라
에스티 로더

"성공은 꿈을 실현시키는 데 얼마나 대담한지에 따라 달려있습니다."

"어째서 에스티 로더의 화장품을 팔지 않는 거예요?"

고객들의 빗발치는 항의에 백화점은 결국 이제 막 시작한 작은 화장품 회사, 에스티 로더에게 자리를 내어줄 수밖에 없었다.

뉴욕에서 가장 큰 백화점이었던 삭스 피프스 에비뉴 백화점은 뉴욕 쇼핑의 메카, 맨해튼 5번가의 가장 큰 건물 중 하나였다. 삭스 백화점은 자신의 화장품을 팔게 해달라는 에스티 로더의 거듭된 요청을 거절했다. 최고로 유명한 백화점의 눈에 무명의 화장품 회사 제품이 들어올 리가 없었다. 당시 미국에서 유통되던 고급 뷰티 상품들은 모두 프랑스에서 건너온 것들이었기 때문이다.

그러나 에스티 로더는 포기하지 않았다. 백화점과 가까운 고급 호텔을 빌려 여러 차례 제품 설명회를 열고 그때마다 참석자들에게 무료 샘플을 증정했다. 동시에 '백화점에 입점할 수 있도록 항의해 달라'고 부탁했다. 로더의 제품을 써 본 사람들의 마음이 움직였고, 결국 백화점은 에스티 로더에게 문을 열어 줄 수밖에 없게 된 것이다. 1948년, 에스티 로더 역사상 최초로 삭스 피프스 애비뉴 백화점 입점에 성공하게 된 것이다.

판매대를 내어달라는 요청을 들은 척도 하지 않았던 백화점을 '고객의 힘'으로 무너뜨린 세일즈의 귀재, 에스티 로더다.

뉴욕에 위치한 삭스 피프스 에비뉴 백화점 전경

어려서부터 디스플레이와 화장에 뛰어났던 소녀

에스티 로더의 본명은 조지핀 에스터 멘처Josephine Esther Mentzer이다. 1908년 7월 1일 뉴욕에서 태어난 로더는 어린시절 가게의 물건 위치를 종종 마음에 드는 대로 바꾸어 놓기도 했다. 그녀의 독특한 디스플레이는 자주 고객들의 시선을 집중시켰다.

사춘기 시절, 그녀는 맨해튼에서 페이스 크림을 만드는 공장을 하던 외삼촌과 만난다. 꾸미는 것에 관심이 많던 소녀가 화장품에 관심을 가지는 것은 지극히 자연스러운 일이었다. 외삼촌 존 쇼츠John Shotz는 그녀에게 화장품에 대한 설명도 해주고 제품을 몇 개 전해주기도 한다. 로더는 이것을 학교에 가져가서 친구들에게 소개하고는 했다.

1946년 에스티 로더를 설립하다

그러나 그녀가 본격적으로 화장품 업계에 뛰어든 것은 결혼한 후였다. 1933년, 남편이 경영하던 조그만 실크 공장이 망하자 평소 단골로 이용하던 미장원에서 직접 만든 화장품을 판매하기 시작했다. 로더는 이에 만족하지 않고 고객이 있는 곳이라면 수영장, 자선만찬회, 휴양지 등 장소를 불문하고 찾아갔다. 주요 고객은 중류층의 유대인 여성들로, 로더는 고객들과 만날 때는 옷차림과 화장에 세심하게 신경 썼다. 그녀는 스스로를 '따라하고 싶은 패션과 화장의 표본'으로 만들어 그 심리를 상품 구매로 연결되게 했다. 로더는 사람들의 얼굴에 직접 자신이 만든 화장품을 발라 주면서 화장품의 효과를 직접 경험하게 했다. 얼마

고객에게 화장품을 시연중인 에스티 로더

지나지 않아 로더의 친절하고 세련된 행동과 능란한 화술에 고객들은 이끌리기 시작했다.

도시의 젊은 여성들은 1920년대에 이미 화장을 하기 시작했지만 대공황이 닥치자 화장품은 사치품으로 분류되었다. 그러나 제2차 세계대전이 끝나고 호황이 이어졌고, 그 무렵 컬러영화가 등장하며 여배우들을 따라하는 유행이 돌기 시작했다. 때 맞춰 화장품이 인기를 끌자 로더는 1946년 남편과 함께 자신의 이름을 딴 화장품 회사 '에스티 로더'를 창업하였다.

유명백화점을 주요 판매 채널로 삼았던 에스티 로더

로더는 고급 브랜드, 고급 화장품의 이미지를 만들고자 했다. 저렴한 화장품은 이미 많았고 그 속에서의 경쟁은 너무도 치열했다. 로더는 업계 1위를 노렸다. 설립 초기, 에스티 로더는 슈퍼리치 다목적 크림Superrich All Purpose Cream, 크림 팩Cream Pack, 클렌징 오일Cleansing Oil, 스킨 로션Skin Lotion 4개의 제품을 판매했다. 이때 제품의 외관은 그저 투명한 유리로 만들어진 병이었다. 언뜻 보면 모양이 예쁜 가정용 상비약처럼 보였다. 로더는 포장부터 바꾸기로 했다. 먼저 용기의 색을 푸르게 바꾸었다. 연한 푸른 빛의 유리 용기는 터키석처럼 매끈하게 빛났다. 유리에 연한 푸른색을 입혀 부드럽게 빛나는 이 색은 '에스티 로더 블루'로 불리며 유명해졌다.

또한 에스티 로더는 백화점에서 제품을 판매함으로써 백화점의 고급스러운 이미지를 빌리고자 했다. 백화점에 입점하기 위해서 에스티 로더는 업계 최초로 '무료 샘플'이라는 전략을 도입했고, 결과는 성공적이었다.

미국 사회에 향수 문화를 대중화시키다

당시 향수는 영화에나 나오는 물건이거나 퇴폐의 상징이었다. 일반인과는 거리가 멀었다. 에스티 로더는 이 통념을 깨고자 했다. 그 첫 시도가 1953년 '유스 듀Youth Dew' 출시였다. 유스 듀는, 향수가 아닌 바스 오일Bath Oil의 형태로 목욕을 하면서 자연스레 향이 몸에 배게 했다. 편리한 사용방법은 미국 여성들을 사로 잡았다. 에스티 로더는 또한 광고에 누드의 여인을 등장시켰다. 당시 광고에 누드의 여인이란 파격적인 행보였으나 그 감각적인 화면은 또다른 화제를 불러일으켰다.

에스티 로더는 '유스 듀'를 프랑스의 백화점에 입점시키려고 했다. 이를 위한 미팅 중에 향수를 바닥에 쏟고 말았는데, 하루 종일 '유스 듀'의 향기가 그 층에 은은히 가득했다고 한다. 고객들의 문의가 빗발치고 입점에 성공했음은 물론이다.

당시 프랑스제 향수들은 증발을 막기 위해 단단히 밀봉된 상태로, 구매 전에 향기를 맡아 볼 수 없었다. 그러나 로더는 이러한 상식을 완전히 깨고 매장에서 고객들이 향기를 맡을 수 있게 뚜껑을 열어 두었다. 향수가 얼마나 매혹적인지 몸소 체험한 고객들은 에스티 로더의 매장으로 몰렸다. 그녀의 전략은 고객들에게 환영받았고, '시향'은 현재 향수업계에서는 빼놓을 수 없는 판매 전략이 되었다.

1956년 에스티 로더는 창립 10주년을 기념해 '리뉴트리브Re-Nutriv' 크림을 출시했다. 금색 라벨로 디자인되었고 다른 회사 제품보다 다섯 배나 비쌌다. 판매에 회의적인 사람이 많았지만 에스티 로더는 동요하지 않았다. 오히려 이 크림을 피카소의 작품에 비유하며 강한 자신감을 드러냈다.

"당신은 왜 피카소 그림을 사는 데 그렇게 많은 돈을 지불하나요? 그가 그림을 그릴 때 사용하는 린넨 비용은 2달러 75센트이며, 물감 한 통은 아마 1달러 75센트에 불과할 것입니다. 그런데 왜 우리는 그 작은 그림에 그처럼 엄청난 돈을 지불하는 거죠? 당신은 그의 창조성, 경험 그리고 당신에게 꼭 맞는 무언가를 위한 대가를 지불하는 것입니다."

1956년 '리뉴트리브'의 광고.
당시 한 병 당 115달러이던 상품을
현재 화폐 가치로 환산하면 약 1,000달러이다.

그리고 에스티 로더는 창립한 지 12년 만에 20배 이상의 매출 성장을 한다. 에스티 로더의 기업 철학은 "우리가 만나는 모든 이에게 최고의 것을 그리고 우리가 하는 모든 일에 최선을 다한다."이다.

미의 제국을 이룩한 여제로 불리는 에스티 로더

에스티 로더는 사람들의 마음을 움직이기 위해 자신을 선망의 표본으로 만들었다. 또한 화장품 업계에 당시의 상식을 파괴한, 무료 샘플과 시향이라는 새로운 판매 전략을 내놓았다. 제품을 구입하는 고객에게 선물을 증정하는 전략도 에스티 로더가 최초였다.

　이처럼 에스티 로더는 고객들에게 제품을 사라고 설득하기보다는 화장한 자신의 모습을 보여주고, 화장품을 직접 발라주고, 향을 맡게 하고, 사용해 볼 수 있도록 했다.

　에스티로더는 현재 전세계에 2만 여개의 매장을 운영하는 국제적 기업이다. 한 소녀의 미에 대한 관심에서 출발한 작은 회사가 3대를 이어오며 세계적인 화장품 제국으로 성장한 것이다.

　미의 제국을 건설한 전설적 인물인 에스티 로더는 사람들의 마음을 움직이기 위해 입이 아니라 '제품'을 사용했다. 제품의 효과를 직접 경험하게 하여 고객들을 사로잡겠다는, 당시로서는 상상조차 하지 못했던 사고방식으로 로더는 미의 여제, 영업의 귀재라는 자리에 올랐다.

설득하지 말고 경험하게 하라
① 따라하고 싶게 만들면 지갑이 열린다
② 수백 마디 말보다 한 번의 경험이 강하다

"인간의 세포는 시간에 따라 변하며 날마다 새 것을 쓴다.

어제 싸운 당신의 세포는 오늘 아침엔 이미 새 것으로 바뀌었다.

배가 불렀을 때와 배가 고플 때의 생각은 다르다.

인간의 세포를 바꾸는 것이야말로 사태를 전환시키는 최고의 방법이다."

– 탈무드 격언

"사람을 해치는 것이 세 가지 있다. 근심, 말다툼, 그리고 빈 지갑이다."

– 유대 격언

Genius Thinking

13 정부는 국민 자산의 고용 기관이다
로버트 루빈

"좋은 경제 운용은 좋은 정치이기도 하다."

월가의 신화를 만들었던 로버트 루빈의 의사결정 4원칙

1. 가장 확실한 것은 확실한 것이 없다는 사실이다.

2. 따라서 완전하게 만족스런 결론은 없다. 확률의 높고 낮음을 잘 살펴야 한다.

3. 그러나 시간은 결코 기다려주지 않는다. 어떤 결정이든 반드시 내

려야 한다.

4. 의사 결정에서 중요한 것은 그 '과정의 질'에 집중하는 것이다.

위 내용은 로버트 루빈의 1999년 펜실베이니아 대학교 졸업식 연설 중 일부다. 로버트 루빈은 미국 역사상 전례 없는 최장기 호황을 이끈 가장 유능한 재무장관이라는 평가를 받는다.

1938년 뉴욕에서 유대인으로 태어난 로버트 루빈은 할아버지가 민주당의 지도자였고 아버지는 변호사였다. 그는 프린스턴대학교 입학시험에서 한차례 떨어진 후 재수하여 하버드대에 들어간다. 하버드대학교 경제학과를 수석으로 졸업하고 런던의 스쿨 오브 이코노믹스에서 공부했다. 석사학위를 받은 루빈은 이어 예일대 법대를 졸업하고 변호사가 되었다. 그러나 그는 2년 만에 변호사 생활을 그만둔다. 그리고 1966년 그는 유대계 투자 고문회사 골드만삭스에 입사한다.

골드만삭스에서 로버트 루빈은 승승장구한다. 리스크 재정거래부서를 거쳐 5년 만에 파트너가 됐고 투자부문 10년 연속 최고 수익률을 올렸다. 그리고 1987년에는 부회장 및 공동 최고운영책임자COO, 1990년에는 50세의 나이에 공동회장에 올라 2년간 월가의 대표적인 투자기업을 이끈다. 입사 당시 전체직원 650명의 평범한 미국 투자회사였던 골드만삭스는 26년 후 루빈이 퇴사할 때는 10배 이상으로 규모가 커지고 미국의 대표적인 글로벌 투자기업으로 성장한다.

9년간 계속된 미국 경제의 호황을 이끌다

골드만삭스 회장직을 맡고 있던 루빈은 1991년, '아칸소 시골뜨기' 빌 클린턴 민주당 대통령 후보와 경제 현안에 대해서 장시간 토론했다. 루빈은 클린턴을 "잘 닦으면 대성할 인물"이라고 평가하고 대선기간 동안 클린턴의 경제자문역으로 활약한다. 1993년 클린턴이 미국 제43대 대통령으로 당선되자 루빈은 백악관 경제정책 보좌관으로 임명되고, 국가경제위원회National Economic Council; NEC의 초대의장으로 경제정책을 지휘한다.

이어서 2년 뒤에는 미국 경제정책의 수장인 재무 장관으로 취임한다. 루빈은 과감한 재정적자 축소정책으로 금리를 낮추고 강한 달러 정책으로 미국의 경쟁력을 유지하는 한편 인플레이션을 막아, 9년간 지속되는 미국 경제 활황의 터전을 닦았다. 이러한 그의 정책은 '루비노믹스'라는 신조어를 낳았다. 이 '로버트 루빈'식 경제정책은 사상 최장의 90년대 호황이라는 결과로 이어졌다.

멕시코 페소화 위기를 극복하다

루빈은 재무장관 시절 일어난 세계 경제위기를 탁월한 재무 관리 능력으로 처리한다. 그 대표적인 케이스가 멕시코 페소화 위기 때다.

1990년대 초반 멕시코는 경제적으로 빠르게 성장하고 있었다. 물가 상승률은 빠른 속도로 떨어졌고 경제성장률도 상승세를 보였다. 이에 따라 해외 투자자금이 멕시코로 유입되었는데, 90년대 중반을 넘기지 못하고 원주민 봉기와 유력한 대통령 후보 암살 등의 정치적 불안을 일으키는 사건들이 연달아 닥친다. 그러자 외국인 자금은 순식간에 이탈하기 시작했고 결국 멕시코 페소화는 수개월 만에 50%이상 폭락했다.

당시 멕시코가 파산하면 미국도 연쇄 도산할 수밖에 없는 상황이었다. 골드만삭스에서 멕시코 투자를 담당하기도 했던 루빈은 멕시코의 경제 사정에 훤했다. 그는 인구 약 8천만 명의 멕시코에 비참하다 싶을 정도의 대규모 구조조정을 단행했다. 그리고 200억 달러 규모의 융자를 내주었다. 그 결과 멕시코는 최악의 경제 위기에서 벗어났다. 루빈은 당시의 조치에 대해 "아무런 조치를 취하지 않을 때의 위험이 조치를 취할 때의 위험보다 훨씬 크다. 멕시코 지원은 최선이 아닌 차악의 선택이었다."라고 밝혔다.

또한 1997년부터 아시아, 러시아, 라틴 아메리카에서 연이어 발생한 금융위기 때도 루빈은 세계적 경제위기를 막기 위해 동분서주했다. 하지만 사실상 월가 출신의 로버트 루빈은 IMF와 같은 기관들의 배후에서 그들을 총괄하고 지휘한 것이라고 볼 수 있다. 왜냐하면 그로 인해 세계시장의 주도권을 더욱 강력하게 장악할 수 있었기 때문이다.

당시 〈타임〉지는 루빈을 포함한, 래리 서머스 재무부 부장관, 앨런 그린스펀 FRB 의장 등 핵심 정책결정자 3명에게 "세계를 구한 위원회The Committee to save the World"라는 찬사를 보냈다. 월가의 금융세력들에게는 '세계를 구한' 것이나 '세계를 장악한' 것의 차이는 그렇게 멀어보이지 않을 것이다.

〈타임〉지 1999년 2월 15일자 커버.
왼쪽부터 로버트 루빈, 앨런 그린스펀, 래리 서머스

세제 우대와 세제 혜택을 병행하다

로버트 루빈은 예산 운영에서도 특별한 실력을 발휘했다. 1996년 대통령 선거 당시 공화당의 밥 돌 후보 쪽은 일괄 15%를 감세하겠다는 공약을 내놓았다. 이 공약은 얼핏 보면 공평해 보였다. 그러나 피부에 와닿는 효율성이 없었다. 왜냐하면 가난한 사람에게 세금을 15% 내려준다고 그들의 생활이 나아질 까닭이 없고, 부자들 역시 그 정도 감세로는 투자 의욕이 높아지는 상황도 아니었기 때문이다. 민주당 후보 클린턴의 수석 경제 고문이었던 로버트 루빈은 실효성이 강력한 다른 전략을 택했다. 답은 분야별 감세였다.

투자가 필요한 분야에는 세금을 감면해주고, 적자가 나는 분야에는 예산을 철저히 삭감했다. 장기간 생활보호 대상자를 고용하는 기업에는 세제상의 우대 혜택을 주었고, 저소득자가 많은 지역으로 진출하는 기업은 세제 개선을 통해 적극적으로 지원했다. 게다가 주택을 매각해서 이익을 얻어도 최대 50만 달러까지는 과세하지 않겠다고 했다.

잡다한 과세 정책을 실행해서 세금을 쓰는 것보다 어느 분야에서는 아예 과세하지 않는 것이 비용을 효율적으로 운용시키는 길이라는 판단이었다. 더불어 자본 투자 경기를 활성화시킨다는 전형적인 월가 출신의 발상이었다. '아칸소 시골뜨기' 빌 클린턴이 압도적인 표차로 재선한 것은 당연한 일이었다.

"좋은 경제 운용은 좋은 정치이기도 하다.
Good economics can also be good politics."

– 로버트 루빈

그는 루비노믹스를 관철시키기 위해서는 정치적 힘이 필요하다는 사실을 직시했다. 때문에 매주 목요일 아침은 언제나 미국 연방준비제도 FRB 의장 앨런 그린스펀과 함께 아침 식사를 했다. 1987년부터 2006년까지 네 번이나 연방준비제도 의장을 연임한 앨런 그린스펀 역시 실물 경제에 밝은 사람이었다. '재정은 로버트 루빈, 금융 정책은 앨런 그린스펀'이었지만 그들은 공교롭게도 유대인이라는 공통점을 가지고 있는 데다 서로 밀접하게 정보를 교환한다는 철칙을 지키고 있었다. 그리고 그들의 시대에 재정흑자와 고성장이라는 수식어가 동시에 따라 붙고 있다.

루빈은 정치가의 사명을 다음과 같이 생각했다.

"우리가 국민의 기본적인 권리를 옹호하는 정책을 명확히 내세우고 있는 한 정치적으로는 반대 입장에 있는 공화당이라 할지라도 우리의 정책 수행 그 자체에는 반대하지 않을 것이다."

루빈은 정부는 국민에게 고용된 기관임을 명확히 인식했고, 그래서 국가의 재정관리 또한 언제나 국민의 편에서 국민에게 유리하도록 조정되어야 한다고 생각했다. 국가의 투자와 고용 창출은 국가의 이익을 위해서가 아니라 그럼으로써 국민에게 이익을 돌리기 위해서여야 했다. 그는 국가의 재정이 무엇을 기준으로 무엇을 위해서 작동해야 하는지 알고 있었다. 때문에 그는 국가의 돈을 누구보다 확실하게 관리한 사람으로 기억되고 있는 것이다.

Genius Thinking

정부는 국민에게 고용된 기관이다
① 정부의 재정 관리는 오직 국민의 편에 서야 한다
② 국민을 위한 투자와 고용을 창출하라

"현금은 배신하지 않는 브로커다."

– 탈무드 격언

숨겨진 유대인 이야기
연방준비제도

1913년 12월23일. 크리스마스를 이틀 앞둔 미국의 의회는 한산했다. 의원들 다수는 크리스마스 휴가를 떠나버렸기 때문이다. 이때 상원의원 넬슨 올드리치가 발의한 법안이 날치기하듯 순식간에 통과되어 버렸다. 바로 '연방준비법'이다. 이 법안에 의해 '연방준비은행'이 설립된다. 넬슨 올드리치 상원의원이 발의한 것이지만 연방준비법은 사실 유럽의 금융세력에 의해 계획되고 진행된 것이다.

당시 유럽의 금융시장은 금융제국이라고 일컬어지는 로스차일드가 장악하고 있었는데 이들은 새로운 시장을 탐색하면서 미국의 가능성에 초점을 맞추고 진출의 시기를 조율하고 있었다. 개척시대를 지나면서 미국에서는 산업화가 전개되어 막대한 자금이 움직이고 있었는데 금융업을 죄악시하던 청교도들로 인해 자금을 관리하고 운용할 사람들이 없었다. 결국 유럽에서처럼 미국에서도 유대인들이 자연스럽게 금융업을 담당하게 되었고 로스차일드는 이 틈을 이용해 미국에 진출하기로 결정하며 선발대로 독일계 유대인이며 쿤 뢰브 은행의 대표인 바르부르크를 보낸다.

바르부르크를 위시한 유럽 유대 금융세력들은 시시때때로 민간 중앙은행을 설립할 기회를 노린다. '통화발행권'을 차지하기 위해서였다. 그러나 잭슨, 링컨을 비롯한 대통령들은 이들의 의도를 극력 저지한다. 드디어 19세기 말 미국에서 경기침체와 도산이 반복되며 공황의 기미가 역력해지자 로스차일드와 존 피어트 모건John Piermont Morgan은 위기를 해결할 방법을 제시하면서 미국의 민간 중앙은행의 설립에 관한 칼자루를 쥐게 된다.

1907년에는 민간 중앙은행의 준비를 위해 국가통화위원회National Monetary Commission를 설립하는데 이 기관은 유대 금융기관들과 모건 가문의 핵심들로 구성되었다.

1910년에는 제킬 아일랜드에서 모건 가문의 핵심멤버와 유대 은행가들이 비공개 회합을 갖고 바르부르크의 주도로 '연방준비법'의 시안을 작성한다. 즉 미국의 연방준비법은 연방정부가 아닌 바르부르크를 중심으로 한 유대계 유럽 금융세력에 의해 만들어진 것이다.

연방준비제도이사회FRB는 초대 의장인 찰스 해믈린을 비롯해 네 번이나 의장을 지낸 폴란드-독일계 유대인 앨런 그린스펀, 우크라이나계 유대인 벤 버냉키, 최초 여성 의장 재닛 옐런 등 의장 자리의 반 이상을 유대인에게 허락했다.

세계 경제를 주무르고 세계 최강대국 미국의 통화를 찍어낼 수 있는 '세계 경제 대통령'의 자리를 돈의 흐름을 읽고 요지를 선점한 유대인들이 장악하고 있는 것이다.

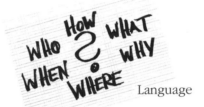

Language

"내 언어의 한계는 내 세계의 한계를 의미한다." 유대인 철학자인 비트겐슈타인이 말했듯이, 언어는 세계의 실체고, 언어를 사용하는 사람의 모든 것이다. 세계의 언어를 지배해온 자가 세계를 지배해왔다. 천재들은 언어를 지배한다.

언어를 지배하는
천재의 생각법

"말이 입 안에 있으면 내가 말을 다스리고,

말이 입 밖에 있으면 그 말이 나를 다스린다."

– 유대인 속담

Genius Thinking

14 대화로 모든 것을 해결하라

래리 킹

"말을 제일 잘하는 사람은 논리적으로 말하는 사람이 아니라,

남의 말을 잘 들어주는 사람이다."

'대화의 신'이라고 불리는 래리 킹

"Keep it simple Stupid!"

줄이면 KISS다. 래리 킹은 대중연설가에게 있어서 가장 중요한 덕목은 짧게 말하는 것이라고 한다. 여덟 번의 결혼과 이혼을 반복하고, 절도 혐의로 체포되기도 하고, 파산 선고를 받은 적도 있지만 여든이 넘

은 래리 킹은 지금도 현역에서 활동한다. 사람들은 그를 '대화의 신'이라고 부른다.

그는 〈래리 킹 라이브〉를 25년간 진행하며 기네스북에도 올랐다. 그리고 잠시 쉬다가 2013년 6월부터는 러시아 보도전문채널 RT TV에서 〈래리 킹 나우〉라는 방송을 하고 있다. 2016년 6월에는 인터넷으로 연결해서 스티븐 호킹을 인터뷰하기도 했다. 스티븐 호킹은 그 자리에서 "인공지능의 발전이 인간의 미래에 꼭 우호적이라고는 생각하지 않는다"는 의견을 밝히기도 했다.

1957년 5월 1일, 마이애미의 방송국

"안녕하십니까, 오늘은 저의 방송 첫날입니다. 방송 15분 전에 저는 새 이름을 받았고 주제 음악을 준비하고 있었습니다. 그런데 초조해서 입안이 자꾸 말라붙더군요. 방금 전에는 총국장이 문을 박차고 들어와 '이것은 말하는 사업이야!'라고 소리치고 갔습니다."

아침 9시부터 송출되는 라디오 방송에서는 시그널 음악만이 커졌다 작아졌다를 반복했다. 그리고 시청자들이 어리둥절하고 있을 때쯤, 드디어 사회자의 입이 터졌다. 래리 킹은 생애 첫 방송에서 너무 긴장한 채 볼륨만 올렸다 내렸다 하던 초짜 디제이였다.

그는 허둥대던 첫방송에서 "방송을 하거나 하지 않거나, 언제나 솔직해야 한다."라는 교훈을 얻는다.

래리 킹은 1933년 11월 19일 뉴욕의 브루클린에서 태어났고, 본명은 로렌스 하비 자이거였다. 유대인이었던 아버지는 어린 킹에게 엄격했다. 이른바 '밥상머리 교육'이라 할 정도로 식사시간에 그의 아버지는 항상 래리 킹을 훈육시켰다. 하지만 교육에 열정적이던 그의 아버지는 래리 킹이 아홉 살 때 사망했고, 킹은 그 이후로 책과 공부에 대한 흥미를 완전히 잃었다. 아버지의 죽음 후 그의 가족은 이모의 도움을 받아 브루클린으로 이사 가게 된다. 당시 정부의 구호금으로 살림을 꾸려나가야 할 정도로 상황이 좋지 않았다. 그 와중에도 그의 어머니는 그들에게 항상 가능한 한 가장 좋은 것들을 먹이고 입히려고 노력했다. 하지만 이러한 어머니의 전폭적인 지지가 킹에게 남은 아버지의 빈자리를 모두 채워 넣을 수는 없었다.

라디오에 빠져 살던 어린 시절의 래리 킹

그 무렵 래리 킹이 빠져 있었던 것은 라디오였다. 그는 언제 무슨 프로그램을 하는지 줄줄 꿰고 다닐 정도로 라디오 광이었다. 그리고 좋아하는 라디오 프로그램 진행자의 목소리를 흉내 내기도 했다. 그는 이야기하는 것을 좋아해서, 길 모퉁이에 서서 지나가는 자동차들의 특징을 중계하고는 했다. 또한 에베츠 필드에서 야구 경기가 벌어질 때면 외야석에 앉아 그 시합을 '중계방송'했다. 그는 그만의 노트를 뒤적이며 혼자만의 '중계방송'을 마친 뒤, 친구들에게 돌아와 그 시합에 관한 모든 것을 다시 중계했다. 킹의 절친한 친구로 알려진 허브 코헨은 "래리가 본 시합이 2시간 10분 짜리였다면, 래리가 우리들에게 중계한 시간도 2시간 10분이었다."고 말한다. 그 시절 킹의 별명은 '떠벌이'였다.

방송은 무엇보다 재미있어야 한다

그렇게 라디오에 관심을 가지게 된 킹은 청년 시절 방송국 WHAR에서 여러 차례 부탁한 결과, 라디오 방송을 할 수 있게 되었다. 그는 월요일 부터 금요일 아침 9시부터 정오까지 고정 프로그램을 맡게 되었다. 그날 아침 상사는 '자이거'라는 성이 발음하기도 어렵고 기억에 남지도 않는다고 생각하여 킹King 주류 회사의 광고를 보고 '래리 킹'이라는 예명을 제안했다.

1957년 라디오 첫 고정 프로그램을 맡게 된 킹은 오후까지 스포츠 중계를 하기도 하며 지역에서 인기를 끌기 시작했다. 그러다 TV 대담 프로그램에 투입되었다. TV 프로그램 출연 당시 그는 한 번도 카메라 앞에 서 본 적이 없었다. 그는 공교롭게도 등받이 없는 회전의자에 앉게 되었고, 너무나 초조한 나머지 프로그램 전반부 내내 상반신을 앞뒤로 흔들었다. 긴장해서 말도 제대로 나오지 않았음은 물론이다.

순간 킹의 머리를 관통하는 생각이 있었다. "방송은 재미있어야 한다." 그는 곧바로 입을 열어 '나는 3년 동안 라디오 방송을 했지만 TV는 처음이고, 누군가 나를 이런 불편한 의자에 앉혀 놓았다'고 이야기했다. 이렇게 말문이 트이자 킹은 시청자들을 그만의 방식으로 방송 안으로 끌어들일 수 있었다. 시청자들은 킹이 매우 긴장한 상태여서 지금까지와 같은 행동을 했다는 사실을 자연스럽게 이해하고 킹에게 공감할 수 있었다.

1985년 킹은 〈래리 킹 라이브〉라는 대담 프로그램을 진행하게 된다. 이 프로그램은 이후 25년간 진행되며 세계에서 가장 영향력 있는 방송 프로그램으로 자리 잡았다. 또한 TV 역사상 동일 시간대에 동일 진행자가 최장 기간 진행한 프로그램으로 기네스북에 기록되었다.

그리고 래리 킹은 '신만 빼고 모든 유명인을 인터뷰한 남자'라는 수식어를 얻게 되는데, 실제로 그는 인터뷰어로서 반평생을 살며 각계각층의 유명인들을 5만여 명 이상 인터뷰했다. 그는 명실상부 미국을 대표하는 인터뷰어로, 제럴드 포드 대통령 이후 미국의 모든 대통령을 인터뷰했으며 미하일 고르바초프, 블라디미르 푸틴, 마가렛 대처, 토니 블레어 등 세계 각국의 정상들과도 만났다.

또한 프랭크 시나트라, 오드리 헵번, 엘리자베스 테일러, 폴 메카트니, 마이크 타이슨 등 대중의 주목을 받고 있는 대부분의 세계적 셀러브리티들과 수도 없는 인터뷰를 했다.

"래리는 초대 손님들의 말을 경청한다.
그는 상대방이 말하는 것에 주의를 기울이는데,
그렇게 인터뷰하는 사람은 별로 없다."

– ABC방송의 테드 카펠

네모난 뿔테 안경과 멜빵을 입고 나오는 사회자

〈래리 킹 라이브〉는 전형적인 시사 토크 쇼로, 대부분의 게스트는 스튜디오에 직접 나와 킹과 대화를 했다. 네모난 뿔테 안경과 멜빵이 트레이드 마크인 킹은 언제나 인터뷰이를 향해 몸을 기울이고 눈을 맞췄다. 킹은 언젠가 윌 로저스가 했던 말을 기억한다고 말했다. "사람들은 모두 무지하다. 다만 그 무지한 분야가 서로 다를 뿐이다." 킹은 '모든 사람이 어떤 일에 관해서는 저마다 전문가라고 믿는다. 사람들은 누구나 자신이 잘 이야기할 수 있는 분야가 있고 그것에 대해 대화하기를 원한다. 그러므로 인터뷰어는 인터뷰이가 무엇에 관해 즐겁고 쉽게 이야기할 수 있는지 순간순간 잡아내 인터뷰를 이끌어 가야 한다'고 생각했다. 그리고 킹의 경우, 그 수단은 경청이었다. 래리 킹의 인터뷰는 정적이고 편안한 분위기 속에서 이루어진다. 그리고 그러한 인터뷰 스타일은 게스트의 솔직한 이야기를 이끌어 낸다.

곧바로 핵심으로 들어가는 래리 킹의 화법

킹은 이렇게 상대의 말을 경청하면서도 인터뷰이의 지위와 관계없이 곧바로 핵심적인 질문을 던졌다. 물론 질문지는 손에 쥐어져 있지만 킹은 질문지에 구애받지 않았다. 인터뷰이의 대답에 따라 전혀 예상하지 못했던 질문을 던지기도 했다.

〈래리 킹 라이브〉는 25년의 방송 기간 동안 언제나 사람들에게 대화의 화두를 던졌다. 1992년 대통령 선거 기간, 댄 퀘일 부통령이 게스트로 출연했다. 낙태에 대한 법령을 주제로 이야기를 나누고 있었는데 그는 낙태에 대해서 대단히 부정적이었다. 킹은 불쑥 "그렇다면 귀하의 따님이 낙태하러 가겠다고 한다면 어떻게 하실 건가요?"라고 물었다. 갑작스런 킹의 질문에 당황한 퀘일은 그만 얼떨결에 자신의 딸이 어떠한 결정을 내리든 존중한다고 대답했다. 퀘일의 대답은 단숨에 뉴스거리가 되었다. 당시 '낙태'는 뜨거운 감자였고, 보수적인 공화당의 대표라고 할 수 있는 사람이 지금까지 공식적으로 발표한 의견과는 전혀 다른 모습을 보인 것이다.

이 때문에 공화당의 신뢰도는 떨어졌고, 선거에서도 패했다. 만약 킹이 퀘일에게 위와 같은 질문을 던지지 않았다면 어땠을까? 그것은 알 수 없는 일이지만 적어도 공화당의 이미지는 깨지지 않았을 것이다.

래리 킹의 인터뷰는 편안하고 간결했지만 이렇듯 날카롭고 직설적이었다. 때로는 예상치 못했던 질문을 하고 허술한 부분을 지적하기도 하고, 게스트와 전혀 관련 없을 것 같은 주제로 인터뷰를 진행하기도 했다. 시청자들은 킹의 질문을 통해 셀러브리티들과 대화하고 때로는 감동받고 분노하며, 통쾌해 했다. 그는 에미상Emmy Awards과 두 번의 조지 포스터 피버디상George Foster Peabody Awards, 열 번의 케이블에이스상Cable ACE Award을 수상했다.

자신이 먼저 마음을 열어야 상대도 연다

래리 킹은 대학 교육도 받지 못했고 호감 가는 외모를 가지지도 않았다. 그러나 그는 멜빵바지에 네모난 뿔테 안경이라는 그만의 이미지를 창조해 냈고, 항상 몸을 기울여 경청하는 태도와 솔직한 화술로 인터뷰이들이 속마음에 감추고 있었던 이야기를 쏟아 놓게 만들었다. 자기 자신부터 솔직할 줄 아는 킹의 태도는 화제의 인물의 의외의 모습이나 숨겨 왔던 심경을 꺼낼 수 있었다.

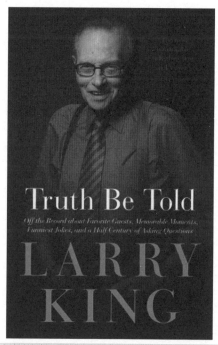

수십 년의 방송 생활 뒷이야기를 담은 그의 저서 『Truth Be Told』

그는 누구나 자신이 유대인인 것을 안다고 말한다. 왜냐하면 킹은 대화를 시작할 때 언제나 자신의 관한 것을 상대에게 털어놓기 때문이다. 먼저 열어야 상대도 연다. 그는 사람들이 어떤 환경에서 솔직하게 자신의 마음을 이야기하는지 알았던 것이다. 또한 그는 대중이 어떤 것을 궁금해 하는지 알았다. 이러한 질문을 무례하지 않게 들리도록 하는 것은 래리 킹만의 능력일 것이다. 웃기거나 자극적이거나 폭력적이지 않은, 편안한 토크쇼 〈래리 킹 라이브〉는 오랜 시간 많은 대중들에게 사랑받았다. 그는 자극적이지 않으면서도 대화를 이끌어 가는 방법을 알았기 때문이었다.

여든이 넘어서도 현역에서 방송 활동을 하고 있는 래리 킹은 뒤를 잘 돌아보지 않는다고 말한다. 왜냐하면 지금도 그의 전화는 1시간에 수십 번씩 울릴 정도로 바쁘기 때문이다. 게다가 그의 조수들은 끊임없이 다음날 인터뷰할 대상자들을 찾고 있다. 인생에서 성공하기 위해 가장 중요한 덕목 가운데 하나는 말을 잘 하는 것인데, 래리 킹은 질문을 잘하고 말을 잘 들어주는 것만으로도 '대화의 신'으로 불리며 살아가는 방법을 온몸으로 보여준다.

대화의 목적은 상대방을 내 편으로 만드는 것이다
① 대화는 이익을 관철하는 수단이다
② 그가 말하고 싶은 바를 모두 들어라

"상대방에게 진정한 관심을 가져라.

당신 자신에 대해 개방하라.

말하기는 하면 할수록 잘하게 되어 있다."

- 래리 킹

"거짓말쟁이에게 주어지는 최대의 벌은,

그가 진실을 말했을 때도 사람들이 믿지 않는 것이다."

– 유대 격언

Genius Thinking

15 유한한 언어로
무한한 진실을 말하라
노암 촘스키

"진실을 말하고 거짓을 노출시키는 것이 지성인의 책임이다."

세상을 비판하는 현대의 지성인 노암 촘스키

2005년 영국의 학술지 〈프로스펙트〉는 노암 촘스키를 현존하는 최고의 지성인으로 선정했다. 노암 촘스키는 또한 수시로 우리나라를 향해 발언이나 행동한다. 2016년 10월에는 '사드 한국 배치와 아시아 태평양 지역 군사화 저지를 위한 미국 태스크포스'라는 이름으로 '한반도 사드

배치 반대' 성명에 참여하기도 했다. 미국이 북한 핵실험의 원인을 제공하고 있다고 비판하는 것이다.

2016년 5월에는 히로시마를 방문하는 오바마에게 미국의 원폭 투하에 대한 사과를 요청하기도 했다. 그는 당시 한 인터뷰에서 이렇게 말했다.

"히로시마 원폭 투하는 내가 기억하는 가장 암울한 날이었다. 그러나 새로운 무기를 시험한 나가사키 핵폭탄 투하는 더 심각한 것이었다."

아흔이 다 되어가는 나이에도 이렇게 쉬지 않고 활동하는 노암 촘스키를 두고 〈뉴욕타임스〉는 "아마도 살아 있는 가장 중요한 지식인"이라고 했다. 하지만 노암 촘스키는 자신에 대해 그렇게 평가하는 〈뉴욕타임스〉에 대해서도 냉정하다. 촘스키는 〈뉴욕타임스〉와 같은 언론이 겉으로는 '권력의 감시자'인 것처럼 행동하지만 사실은 권력집단(정부)과 대기업과 함께 다수의 약자를 지배하는 소수의 특권계층이라고 생각한다. 그래서 노암 촘스키는 "〈뉴욕타임스〉는 거꾸로 읽는 것이 낫다."라고까지 말한다.

1928년 생인 그는 현재 미국 MIT의 명예교수로 재직 중이다. 그는 유대인 이민자 가정에서 태어났는데, 그의 아버지 역시 학자였다. 아버지는 이스라엘 언어인 히브리어 연구의 권위자였는데 종종 어린 촘스키에게 가르치기도 했다. 그의 부모는 전형적인 유대인들로 촘스키에게 유대인 언어와 문화를 집중적으로 교육시켰다.

촘스키는 두 살 때 학교에 입학하여 열두 살까지 다녔다. 그가 입학한 학교는 실험학교였다. 촘스키는 지적 호기심이 많은 아이였다. 그는 문학이나 교양서적을 비롯해 다양한 분야의 전문적인 책을 읽었다. 그리고 그는 열 살 때 학교 신문에 논설을 싣기도 했다. '파시즘의 확산'에 관한 주제였고, 첫 문장이 "오스트리아가 떨어졌고 체코슬로바키아도 떨어졌으며 이제 바르셀로나도 떨어졌다."로 시작되는 것이었다.

로만 야콥슨의 추천으로 MIT 교수가 되다

열두 살 때 촘스키는 필라델피아의 센트럴고등학교에 입학했다. 센트럴고등학교는 '좋은 학교'라는 평가를 받는 곳이었지만 촘스키는 주입식 교육이 이루어지는 학교가 '좋은 학교'라고 생각하지 않았다.

그는 열세 살이 된 해부터 여기저기로 여행을 다니기 시작했다. 그리고 그는 여행 중에 유명하지는 않아도 각 지역 현장에서 활동하는 많은 작가들을 만난다. 이때 촘스키는 주류 언론에서 나오는 정보와 이 사람들이 알려주는 진실 간의 차이에서 충격을 받는다. 어린 촘스키는 돈과 명예를 좇지 않고 오직 '진실과 정의'를 위해 글을 쓰는 사람들에게 깊은 감명을 받았다.

촘스키가 어린 시절일 때 미국의 대공황은 절정에 달했다. 어디에서나 노동자의 고통스러운 삶을 일상적으로 보고 듣고 느낄 수 있었던 시대였다. 이러한 경험은 촘스키에게 '자신이 아니라 남을 위해 일해야 한다'는 생각을 하게 만들었다. 이때부터 그는 권력을 가진 기구, 이를테면 정부나 기업 혹은 언론에 대해 반감을 가지게 되었고 회의적인 시선을 보내게 되었다.

로만 야콥슨의 젊은 시절.
러시아 태생의 야콥슨은 미국의 언어학자이며 슬라브어 학자다. 10개의 언어를 자유롭게 구사했으며, 현대의 구조주의와 형식주의의 연결고리를 만든 뛰어난 언어학자로 알려져 있다.

그는 펜실베이니아대학에서 공부하고, 1951년부터 1955년까지 하버드대학교의 특별 연구원으로 활동했다. 이때 하버드대학교에서 「변형 분석」이라는 제목의 박사 논문을 제출했다. 이것이 세계적으로 유명한 '변형생성문법'의 기초적인 틀이다. 그 후 그는 '변형생성문법'의 창시자로서 학계의 주목을 받으며 언어학의 새로운 혁명을 가져온다. 그리고 러시아 태생 유대인이자 언어학자인 로만 야콥슨의 추천으로 MIT에서 언어학 교수로 재직하게 된다.

변형생성문법을 창시한 실천적 지식인

촘스키의 변형생성문법은 당시 언어학을 지배하고 있던 구조주의 언어학의 위엄을 단숨에 위협했다. 구조주의 언어학은 세상의 언어들의 내부구조를 살피면 그것들의 구성 요소 하나하나가 긴밀하게 연관되어 있다는 전제로부터 출발한다. 구조주의 언어학의 목표는 주어진 데이터를 객관적으로 분석하여 언어 구조 내부에서의 역할을 검증하고 그 기준을 설정하는 데에 있었다.

이에 반해 촘스키의 변형생성문법은 언어의 구조보다는 인간 내부의 언어에 초점을 맞춘 이론이었다. 언어 활동의 결과물만이 아닌 그 생성의 원천과 원리에 대해 연구하고자 했다. 언어 활동을 인간 정신의 창조적인 영역으로 본 것이다. 촘스키의 변형생성문법은 '촘스키 혁명', '언어학 혁명'이라고 불릴 정도로 현대 언어학에 획기적 변화를 불러일으켰다.

촘스키의 이론에 따르면, 유아는 언어습득장치(LAD)를 가지고 태어나며 이를 통해 투입된 언어자료를 처리하여 문법에 맞는 문장을 이해하고 산출한다.

그의 언어 이론은 인지과학, 철학, 심리학 등 다양한 학문들에도 커다란 영향을 미쳤다. 그는 언어학자이지만 세계 각지에서 현실에도 관심을 기울인다.

베트남 전쟁 반대 운동에 적극적으로 참여했는데 1967년에는 국방성과 국무성 앞에서 시위를 하다 체포되기도 했다. 1990년대 이후에는 미국을 중심으로 한 신자유주의 세계질서를 비판하는 데도 힘을 기울이고 있다. 이런 활동으로 그는 '미국의 양심'으로 불리기도 한다.

또한 그는 유대인이면서도 이스라엘의 팔레스타인 공격에 대해 비판적이다. 이스라엘 건국이 중동의 평화에 위협적이라고 생각하기 때문이다. 2013년에는 이스라엘에서 열리는 회의에 참석하는 세계적인 물리학자 스티븐 호킹에게 편지를 보냈다. 이 편지에서 촘스키는 팔레스타인에 대한 이스라엘의 탄압을 알리고 회의에 참가하지 말 것을 당부했다. 촘스키는 유대인이면서도 이스라엘의 팔레스타인 침략을 지금도 계속 비판하고 있다. 결국 스티븐 호킹은 회의에 참석하지 않은 것으로 알려졌다. 2005년, 이스라엘은 촘스키가 대학 강연을 위해 신청한 비자를 거부한 적도 있다.

유한한 언어라도 무한한 진실을 말하라

촘스키는 지금도 미국을 중심으로 한 현대 자본주의 사회에서 "극소수의 부자들, 금융기관들이 부를 축적하는 동안 일반 사람들의 경제적 지위는 그대로이거나 추락하고 있다."고 말한다. 또한 '부패한 정부는 모든 것을 민영화한다'면서 세계 각지의 권력을 가진 정부를 향한 비판을 계속한다.

정부만이 아니라 때로는 기업에 대해서도 날카롭게 비판한다. "구글 글라스는 전체주의적 사고의 결과다. 마치 조지 오웰의 1984를 보는 듯하다."고 혹평했다. 왜냐하면 "구글 글라스를 쓰는 것은 구글이 정확히 계산한 세계로 들어가는 것"과 같기 때문이다. 그는 "당신의 일상이 인터넷이 떠도는 것을 원하지 않는다면 구글 글라스를 사용하지 말아야 한다."라고 충고한다.

촘스키는 사람은 누구나 자기가 속한 사회를 올바로 평가하고 판단하며 변화시키기 위해 행동해야 한다고 생각한다. 그리고 지식인이라면 보통 사람들에게 중요한 의미를 갖는 문제들에 대해 진실을 말하기 위해 노력해야 한다고 말한다. 그것이 바로 노암 촘스키가 생각하는 올바른 '지식인의 책무'다.

『지식인의 책무』, 한국어 번역본은 2005년에 발간됐다.

이렇듯 '유한한 언어로 무한한 진실을 말하라'는 자신의 신념에 따라 촘스키는 전 세계에서 일어나는 일들에 대해 끊임없이 '지지와 비판'을 계속하고 있다.

88세인 지금도 노암 촘스키는 매일 자신에게 도착하는 수백 통의 이메일에 일일이 응답하면서 자신의 목소리를 세상에 전하고 있다.

인간은 언어를 통해 자신의 본질을 만든다
① 언어는 인간의 창조적 행위다
② 자유와 창조는 인간의 본질이다

영국의 〈프로스펙트〉지는 촘스키를
현존하는 최고의 지성으로 선정한 바 있다.

"지혜보다 행동이 넘치는 사람에게 지혜는 계속된다.

그러나 행동보다 지혜가 넘치는 사람에게 지혜는 계속되지 않는다."

– 유대 격언

"모든 사람이 같은 방향으로만 걸어간다면 지구는 금방 기울어질 것이다."

- 탈무드

Genius Thinking

16 적과 타협해서
내부의 적을 지배하라
헨리 키신저

"국제관계는 영원한 적도 영원한 친구도 없고,

단지 영원한 국가이익만 있다."

미국 외교를 이끈 헨리 키신저

2016년 2월 11일, 민주당 대선 후보 TV토론 방송 중 힐러리 클린턴과 버니 샌더스 사이에서 난데없는 논쟁이 불거졌다. 힐러리가 외교정책과 관련된 조언자에 대해 이야기를 꺼내자 샌더스는 그 사실이 좀 놀랍다며 "나는 그가 미국 역사상 가장 해악을 끼친 국무장관 중 한 명이었다고 믿기 때문"이라고 말했다. 그러나 힐러리는 "당신이 그에 대해 무슨 불평을 하려 한들, 그가 중국과의 관계를 개선하고 유지해 온 것이 미국에 매우 유용했다는 점은 인정해야 한다."라며 반박했다.

미 국무부 로고 Department of State

이 두 후보 사이에 역사관 논쟁이 일어난 원인은 다름 아닌 닉슨과 포드 대통령 재임 시절 국무장관을 지낸 헨리 키신저였다. 그는 7년간 미국의 대외정책을 주무르며 전 세계에 얽혀 있는 국제관계들을 좌지우지했다. 그는 현존하는 인물 가운데 국제 관계와 관련하여 가장 권위 있는 사람으로 꼽힌다.

노벨평화상을 수상한 키신저 외교

헨리 키신저는 1923년 독일의 정통파 유대 집안에서 태어났다. 그는 자서전 속에서 어릴 때 매주 아버지와 함께 공부를 했다고 밝혔다. 이때의 습관으로 키신저는 성인이 되어서도 아무리 바쁘더라도 시간을 쪼개 하루에 15분씩 탈무드를 공부했다.

그의 아버지 루이는 교사였으며 가족들이 사는 아파트 다섯 개의 방은 책으로 가득 차 있었다고 한다. 그러나 나치의 광풍이 심해지면서 아버지는 교직에서 쫓겨나고 키신저도 퇴학을 당한다. 그 후 키신저가 14살이 되던 해까지 14명의 친척들이 나치의 손에 의해 학살되었고 키신저 일가는 1938년 뉴욕으로 이주했다.

1943년 미국 국적을 취득한 키신저는 제2차 세계대전에 참전한다. 전쟁이 끝나자 1954년 하버드대에서 정치학 박사 학위를 받고 같은 대학 정치학 교수가 되었다. 그는 1957년 『핵무기와 외교정책Nuclear Weapons and Foreign Policy』, 1960년 『선택의 필요성The Necessity for Choice』를 출판하면서 미국 전략 정책의 권위자로 부상했다.

그리고 1968년 12월 닉슨에 의해 국가안보 보좌관에 임명되고 후에는 국무장관으로 있으면서 닉슨과 포드, 두 대통령의 외교 정책 수립에 큰 역할을 하였다. 특히 포드 대통령 재임 기간에는 키신저가 대통령의 외교권을 거의 대신 수행할 정도로 미국의 외교 정책에 있어서 전권을 행사했다. 그는 또한 유대인 최초의 미국 국무장관이었다.

소련과의 관계 완화détente의 실마리를 찾아 1969년에는 전략무기제한협정SALT을 위한 회담을 제안하고 성사시켜, 미·소 양국의 미사일 기지 축소와 수량 제한을 합의하기도 했다. 1972년에는 극비리에 중국에 방문하여 굳게 닫힌 중국의 문을 열고 닉슨의 방중訪中을 성사시켰고, 1973년에 지금껏 강경하게 대응했던 베트남 문제를 유연하게 처리하여 미군 철수와 남·북 베트남 정부의 평화 유지를 위한 기구 설정을 내용으로 하는 휴전 협정의 기초를 다졌다. 같은 해 아랍-이스라엘 전쟁도 휴전으로 이끌었다.

제2차 세계대전 후에도 아랍과 이스라엘 사이의 분쟁은 그치지 않고 계속되었다. 그러나 1975년 9월 이스라엘과 이집트는 시나이협정을 체결했고 이스라엘 군은 극적으로 시나이 반도에서 철수했다. 중동 문제 타결의 뒷 무대에도 키신저가 있었다. 이 협정에는 이스라엘의 부분적인 양보가 불가피했는데, 이때 미국은 보통 때보다 두 배에 가까운 원조를 약속했다. 키신저가 대통령을 설득한 결과였다.

그 무렵의 아랍 산유국들은 유류 가격 인상에 돌입했다. 불과 반 년도 채 지나지 않아 원유 고시 가격은 4배까지 폭등했다. 이 1차 유류파동으로 산유국들이 막대한 재정 수입을 쓸어모은 것에 비해, 선진국들은 경제 불황 속에서 물가 상승이라는 폭탄을 떠안아야 했다. 이때 키신저는 아랍권 국가들에게 긁어 모은 기름값으로 사회간접자본 시설을 마련하고 건설하라고 설득했다. 아랍 국가들은 키신저의 의도대로 이스라엘에 대한 공격을 미뤄 놓고 국내 문제 해결에 힘썼다. 덕분에 중동에는 평화가 찾아왔고, 아랍 국가들이 사회간접자본 확충에 들인 돈은 그 개발에 당연하다는 듯이 참여한 선진국들의 배를 불렸다.

결국 키신저는 이 묘안으로 대외적으로는 아랍과 이스라엘의 평화를 가져온 영웅이 되었을 뿐 아니라, 미국의 입장에서 보자면 아랍 산유국의 오일달러도 회수할 수 있었다.

키신저는 이러한 공로로 1973년 노벨평화상을 받았다. 또한 2009년에는 한 · 미 관계 발전에 기여한 인물에게 매년 수여되는 밴플리트상을 수상하기도 했다.

1972년 10월 27일 '평화가 임박했다'는 키신저의 발언을 실은 〈뉴욕타임스〉

이렇듯 키신저는 어느 한쪽에 분명히 유리한 결론을 내면서도 그 과정에 있어 상대가 납득할 수 있을 만한 방법을 찾아내는 절묘한 외교 정책을 썼다.

그는 1977년 퇴임한 이후에도 국제정치의 연구에 대해 평론을 쓰는 등 활발한 활동을 하고 있으며, 1982년 바르부르크 가문 등 유대 금융가의 도움으로 '키신저 앤드 어소시에이츠Kissinger&Associates'라는 민간자문 로비 단체를 만들어 여전히 활동하고 있다. 아직도 그는 국제문제 전문가로 명성을 누리고 있다.

피로 얼룩진 키신저 외교의 그림자

키신저는 국무부가 통상적으로 행하는 절차와 그 경로를 무시하고 자신만의 방식으로 '키신저 외교'를 진행하였다. 그는 국제 정세에서 이익과 손실을 면밀하게 계산했고, 국제 관계의 새로운 질서를 마련하는 데서도 탁월한 실력을 발휘했다. 때로는 비난을 받는 것도 두려워하지 않았다. 때문에 현재 그에 대한 평가는 극과 극으로 갈리기도 하는 것이다.

그는 베트남, 방글라데시, 칠레 등의 전쟁과 분쟁에 개입한 일로 비판을 받는다. 1963년 3월, 베트남 전쟁 말기에 있었던 미군의 캄보디아 비밀 폭격의 배후 인물로 지목되기도 한다. 시민단체의 회원 칼 깁슨은

"키신저는 선전포고도 하지 않은 주권국가를 불법 폭격해 그 정부를 무너뜨렸으며, 폭력적인 독재정권이 권력을 잡도록 허용했다. 이것이 중죄가 아니라면 무엇을 그렇게 불러야 하는가?"라고 신랄하게 비판하기도 했다.

키신저는 1973년 칠레에서 쿠데타를 지원하여 좌익 성향이었던 아옌데 정권을 무너뜨리는 데 일조를 했다. 그 결과 집권한 아우구스토 피노체트와 밀접하게 교류했다. 하지만 당시 노동조합원과 학생, 예술가 등 군사 정권에 반하는 인물로 지목된 사람들은 피노체트에 의해 감금, 고문되고 끝내는 살해되었다.

1964년, 아옌데를 지지하는 칠레 노동자들이 행진하고 있다.
아옌데는 라틴 아메리카에서 민주 선거를 통해 집권에 성공한 최초의 대통령이었다. 1973년 칠레 쿠데타에 저항하다 사살된다.

2015년, 여성 반전단체에서 나온 메디아 벤자민은 성명을 내고 "키신저는 수백만 명의 죽음에 책임이 있다."라고 비판했다. "그때 키신저 국무장관은 피노체트에게 뭐라고 했습니까? '당신이 아옌데를 무너뜨림으로써 서방을 위해 정말 큰 봉사를 했다'고 하지 않았습니까?"라고 과거를 들추며 정곡을 찔렀다.

또한 1975년 12월 제럴드 포드 대통령과 함께 인도네시아를 방문하여 독립을 주장하던 동티모르를 침공하도록 승인한 것도 키신저였다. 1970~1980년대 남미 각국에는 군사정권이 집권하는 경우가 많았다. 이때 반체제 활동을 하던 사람들이 이웃 나라로 피신하는 일이 잦았다. 이들을 색출하고 검거하는 공동전선을 '콘도르 계획'이라 했는데, 키신저는 여기에도 관여했다고 알려져 있다.

최선과 최악 사이에서 균형을 지킨 키신저

동전이 양면을 가지듯 상황과 문제, 그 조건에 따라 양면적인 전략을 짜고 관리했던 키신저는 그만큼 극단적인 평가를 받는다. 그러나 이러한 양극단에 있는 평가는, 그가 그야말로 차가운 0도부터 뜨겁게 끓는 100도까지 변화무쌍한 외교 정책을 펼쳤다는 증거다. 그가 지켰던 신념을 한 단어로 표현한다면 '국익'이었다고 할 수 있다. 그는 스스로 '미국 국익'에 따라 모든 것을 판단했다고 밝혀 왔다. 미·소 관계 완화를 위해 힘쓴 것과 중국의 문을 열기 위해 극비리에 중국을 방문한 것은 당연히 국익을 위해서였으며, 칠레를 독재자의 손에 넘긴 것과 선전포고 없이 캄보디아를 공격한 것도 모두 국익을 위해서였다는 것이다.

그에게는 사실 적도 아군도 없었다. 그는 어제의 적을 오늘의 아군으로 끌어들이기도 하고 오늘의 아군을 내일 내칠 계획을 세우기도 했다. 키신저에게 100% 확실한 것은 없었다. 승리를 위해 체스판의 말을 움직이듯 그가 바라는 이익을 위해 움직였을 뿐이었다. 단 하나의 기준을 지키며 아슬아슬하게 선을 넘나드는 키신저의 외교술은 최선을 거머쥐지는 못할지라도 최악을 피하게 했다.

Genius Thinking

적이냐 아니냐 보다 이익을 확대해라
① 신과도 협상하는데 적과는 왜 협상하지 못하는가
② 내부의 적을 제어하기 위해서 때론 적과도 타협하라

숨겨진 유대인 이야기
역사상 다시 없을 전 인류적 수치, 홀로코스트

홀로코스트Holocaust

1. (특히 전쟁 · 화재로 인한) 대참사
2. 홀로코스트 (1930~40년대 나치에 의한 유대인 대학살)

1914년 제1차 세계대전이 발발할 즈음 가장 발전한 산업국가는 영국이었다. 당시 독일은 영국의 바로 뒤를 쫓아 위협할 정도로 성장하고 있었다. 그러나 독일은 제1차 세계대전에서 패배했고, 전쟁 중 획득한 권리들은 물론이요 그 전에 누리던 특권까지 모두 빼앗겼다. 이로 인해 국가적 자존심에 상처를 입은 독일인들은 화풀이 대상이 필요했다. 그 대상은 이미 19세기부터 전 유럽에서 반감을 사고 있었던 유대인이었다.

사실 홀로코스트는 히틀러의 개인적인 감정으로부터만 나온 결과는 아니었다. 단지 그는 '대중들의 갈 곳없는 분노와 불안감'을 이용하기 위해 그 표적을 제시한 것이다. 그 표적으로 유대인을 선택한 것은 철저히 정치적인 계산이었다. 마침 이전부터 독일에는 반유대주의가 퍼지고 있었고, 지식인들 중에서도 공식적으로 반유대를 표명하는 이들이 있었다.

그렇게 독일에서 싹트기 시작한 반유대주의는 1924년 선거에서 반유대 성향 국수주의 정당이었던 국민당에게 다수의 의석을 준다. 이에 힘을 얻어 1933년 1월 독일 수상에 오른 히틀러는 쿠데타를 일으켰다. 나치 이외의 정당은 모두 해산되고 독일은 완전한 독재 체제로 전환된다. 히틀러는 이때부터 유대인을 향한 반감을 본격적으로 드러내고 실행에 옮기기 시작했다.

"유대인들의 전멸은 나의 첫째이자 최우선 과제가 될 것이네……. 그들을 겨냥한 증오와 싸움을 통해 그들은 돌이킬 수 없을 정도로 급속하게 와해될 것이며, 그들은 자신들을 보호할 수 없으며 그 누구도 그들의 방어자로 나서지 못할 것이야."

나치는 유대인을 겨냥한 수많은 인종차별적인 법을 제정했다. 유대인을 교사, 판사, 검사 등의 공무원직에서 추방시키고 유대인 출신 변호사, 의사들의 자격을 박탈했다. 유대인에 대한 박해는 대중들에 의해 자발적으로 이루어지기도 했다. 유대인들의 교회당과 상점이 공격당하거나 유대인을 무차별적으로 공격하는 일들도 빈번했다. 이때문에 많은 유대인 작가, 예술가, 과학자들과 같은 지식인들이 자발적으로 망명하거나 나치에 의해 추방되었다.

"유대인은 황색별을 달지 않으면 안됩니다. 유대인은 자전거를 강제로 바쳐야만 했습니다. 유대인은 전차도 자동차도 탈 수가 없습니다. 유대인은 오후 세 시에서 네 시 사이에만 물건을 구입할 수 있습니다. 그것도 유대인의 상점이라고 쓰여 있는 곳에서만 살 수 있습니다. 유대인은 밤 여덟 시 이후에는 집에 돌아와 있어야 합니다."

– 『안네의 일기』 중에서

히틀러는 반유대주의에 있어서 양면성을 가졌다. 히틀러는 개인 혹은 국가에 의해 유대인에게 행해지는 폭력을 방관 및 조장했다. 원초적이고 사적인 영역의 폭력을 방관하는 한편, 조직적이고 합법적인 국가적 폭력을 조장한 것이었다. 유대인들을 통제한다는 명목으로 길거리에서 상습적인 폭력을 행하던 나치 돌격대는 굉장히 원초적인 폭력을 행사하고 있었으나 합법적인 국가 조직이었다.

1939년 9월, 제2차 세계대전이 발발했고 이와 동시에 나치는 유대인에게 가해지는 국가적 차원의 폭력을 강화하기 시작한다. 이전까지 나름의 균형을 지키고 있었던 반유대 정책은 히틀러가 적극적으로 나서기 시작하면서 광범위한 영역에서 더욱 가차없이 진행되었다.

나치는 1941년 '최종 해결'을 선언한다. 최종 해결은 유대인들을 절멸시킨다는 나치의 목표를 지칭했다. 나치는 유대인 문제를 '반드시 해결되어야 할 것'이라고 단언했다. 다음 해 유대인 대학살이 나치 지도부에서 공식적으로 합의되었다. 당시 유대인 이송을 비롯한 문제를 담당한 아이히만Adolf Eichmann은 재판에서 공석적인 합의 이전에 이미 히틀러가 유대인 멸종을 지시했다고 증언했다.

1945년 1월 27일 폴란드 아우슈비츠의 유대인 포로수용소가 해방될 때까지 나치에 의해 학살당한 유대인의 수는 600만 명에 이른다. 전 인류적 수치이자 20세기 최대의 대학살로 꼽히는 홀로코스트는 지금까지 각계각층에서 다양한 방법으로 언급되고 있다. 대중적으로 잘 알려진 유대인 소녀의 수기 『안네의 일기』, 스티븐 스필버그의 영화 〈쉰들러 리스트〉, 아우슈비츠 수용소의 비극을 다룬 〈인생은 아름다워〉는 홀로코스트를 주제로 하여 만들어졌다. 또한 아직까지 당시에 희생되었던 유대인을 추모하는 수많은 행사가 각국에서 치러지고 있으며, 홀로코스트에 대한 뉴스는 인종과 국가, 종교를 초월하여 여전히 주목받는다.

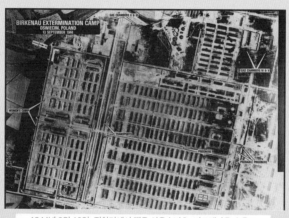

1944년 9월 13일, 정찰기에서 찍은 아우슈비츠-비르케나우 수용소

"유대인들은 기억하고 있고, 계속 기억할 것입니다. 우리는 인간으로서 화해를 청해야 합니다. 바로 그렇기 때문에 우리는 기억 없는 화해란 있을 수 없다는 점을 알아야 합니다. 인간이 수백만 명씩 죽어간 그 경험이 이 세상 모든 유대인들에게는 내면의 일부가 되어 있습니다. 그것은 그러한 처참함을 인간이 도저히 잊을 수 없기 때문만이 아니라, 기억은 유대인의 믿음에 속하는 것이기 때문에 그렇습니다."

– 1985년 종전 40주년 기념식, 바이체커 대통령의 연설 중에서

"사람에겐 귀가 둘, 눈이 두 개 있는데 입은 왜 하나밖에 없는가."

– 유대 격언

Genius Thinking

17 자극과 균형으로 세상을 관리하라
퓰리처와 옥스

"불편부당하게, 두려움도 호의도 없이,
어떠한 정당이나 종파, 이익도 개입시키지 않고 전달하겠다."

– 〈뉴욕타임스〉 업무 공고

황색언론의 창시자 퓰리처

현대 저널리즘의 가장 큰 문제로 지적되고 있는 현상, 황색언론黃色言
論, Yellow Journalism과 미국의 가장 권위 있는 보도 · 문학 · 음악상, 퓰
리처상Pulitzer Prize은 한 사람의 인생에서 탄생했다.

1889년 〈뉴욕 월드〉에 만화 〈옐로 키드〉가 연재된다. 그런데 얼마 지나지 않아 〈옐로 키드〉는 〈뉴욕 저널〉에도 실리게 된다. 〈뉴욕 월드〉를 경계한 라이벌 〈뉴욕 저널〉이 만화가를 스카우트해 빼내간 것이다. 이후 두 신문은 〈옐로 키드〉를 가지고 치열한 공방전을 벌인다. 여기에서 선정성 경쟁을 벌이는 언론을 뜻하는 황색언론Yellow Journalism이라는 말이 탄생한다. 이 두 신문사의 사장은 퓰리처와 허스트였다. 하지만 오늘날 퓰리처는 현대 미국 언론인의 표상으로 떠받들어지고 있다.

〈뉴욕 월드〉에서 1896 3월 8일에 연재된 〈옐로 키드〉와 〈뉴욕 저널〉에서 1896년 12월 13일에 연재된 〈옐로 키드〉

유언에 따라 만들어진 퓰리처상

퓰리처는 1847년 헝가리에서 유대인 아버지와 가톨릭교도 어머니 사이에서 태어났다. 17세에 미국 보스턴에 정착한 소년 조지프 퓰리처Joseph Pulitzer는 원래 미국의 대통령을 꿈꾸었다. 그러나 미국의 대통령은 미국에서 태어난 미국인이어야 했다. 그는 미국의 대통령을 포기하는 대신, 미국 전체에 자신의 목소리를 내겠다는 마음을 먹었다. 그 방법이 바로 퓰리처의 신문 왕국을 세우는 것이었다.

그러한 결심을 시작으로 퓰리처는 1868년 세인트루이스에서 발간되던 독일어 신문의 기자로 일하기 시작했다. 그는 독특한 발상과 강한 기자 근성으로 많은 특종 기사를 발굴했다. 언론계에서 이름이 알려진 퓰리처는 얼마간 정치에 가담했다가 다시 언론의 힘을 실감하고 언론계로 돌아온다. 1878년에 퓰리처는 파산한 일간지 〈세인트루이스 디스패치〉를 헐값에 인수하고, 역시 폐간 직전의 〈세인트 루이스 이브닝 포스트〉도 매입하여 두 신문을 합친 〈포스트 디스패치〉를 출범시킨다.

.

그 즈음 신문은 모두 정치 평론이나 과학 관련 기사를 주로 다루었기 때문에 일반 대중에게는 인기가 없었다. 신문은 소수 엘리트층의 전유물이었고 자연히 구독 부수는 별로 많지 않았다. 이때 퓰리처는 〈뉴욕 월드〉를 매수하여 편집 방침으로 "민중 이외의 어떠한 것에도 봉사하지 않는다."는 슬로건을 내걸었다. 무겁기만 한 글은 신문에서가 아니더라도 읽을 수 있었다. 퓰리처는 일찍이 그것을 알고 있었다. 퓰리처는 당시로서는 파격적으로 시사만화와 컬러 사진 등을 최초로 신문에 넣었다. 그의 신문은 타락학 사회상과 정치와 권력의 부패를 폭로했다. 더불어 각종 사건을 날카롭게 파헤쳐 그 속사정을 대중들에게 실시간으로 전했다. 민중에게 봉사하기 위해 만든 기사는 문장도 드라마틱하여 발행 부수가 나날이 늘어났다. 센세이셔널리즘을 하나의 전략적 원칙으로 하면서, 그는 새로운 차원의 신문의 시대를 열었다.

그러나 중간에 〈뉴욕 저널〉과의 공방전으로 이러한 경쟁이 무익함을 깨닫고 〈뉴욕 월드〉를 정론지로 키우기로 결심한다. 그는 그때부터 신문은 대중을 위한 공기가 되어야 한다는 신념을 갖게 된다. 다만 "재미 없는 신문은 죄악이다."라는 평소의 생각을 버리지는 않았다. 그리고 매수 당시 판매 부수 1만 부였던 신문은 20년 만에 100만 부를 넘어서는 미국에서 가장 영향력 있는 매체로 성장했다. 신문은 이제 대중에게 없어서는 안될 오락거리이자 정보지가 되었다. 그러나 세간에서는 퓰리처의 센세이셔널리즘을 '황색 언론'이라 하며 경멸했다.

〈뉴욕타임스〉를 인수한 아돌프 옥스

퓰리처의 반대편에 서서 신문의 사회적 권위를 확립하는 데 공헌한 것은 아돌프 옥스였다. 1858년 그는 유대 가정에서 태어난 그는 퓰리처와는 다른 길을 걸었다. 그는 이미 열한 살 때 마을 신문의 급사로 일했고, 열일곱에 켄터키 주 〈루이스빌〉 신문의 식자편집공이 되었다.

어렸을 때부터 신문사에서 일하며 문장을 익히고, 세련된 기사를 만드는 방법과 감각을 훈련한 것이다. 열아홉의 옥스는 채터누가의 지방지의 편집 보조 일을 하다가 신문이 파산하자 단돈 250달러로 그 신문사를 산다.

그는 랍비의 딸과 결혼함으로써 미국 유대 사회에 본격적으로 등장하면서 1896년에는 〈뉴욕타임스〉를 인수한다. 그는 퓰리처처럼 자극적인 것을 좋아하는 성격이 아니었다. '황색 언론'에 일종의 혐오감마저 느꼈던 그는 〈뉴욕타임스〉를 정통 정론지로 키우기로 결심한다.

옥스는 "진지하게, 간결하고 상식에 입각한 편집을 하고, 아무도 겁내지 않고, 누구의 편에도 서지 않으며, 정당, 종파에 상관없이 공평하게 뉴스를 제공하고, 인쇄할 가치가 있는 뉴스만 게재한다."라는 방침을 세우고 공정함을 최우선으로 하는 기사가 가득한 신문을 발행했다.

다만 그는 공평을 취지로 했기 때문에 무슨 일이 있어도 유대인 편을 드는 기사는 피했다. 제2차 세계대전이 발발하기 직전, 히틀러가 유대인 학살 계획을 진행시키려 한다는 정보를 입수했지만 이를 기사화하지는 않았다. 이 일로 그는 '허울뿐인 공정성'이라는 비판을 받기도 한다.

신문 대금을 내리자 판매 부수가 3배로 늘다

옥스가 인수한 〈뉴욕타임스〉는 45년이 되는 명문지였지만 적자투성이에 발행 부수도 9천 부까지 떨어져 있었다. 옥스는 2년 후, 신문 대금을 1센트로 내린다. 판매 부수는 3배로 늘었고 〈뉴욕타임스〉는 정통 명문지로 떠오른다.

미국에서 발행된 옥스 기념 우표, 1976

옥스는 유대 금융인의 지원으로 윤전기 등 인쇄 시설을 최고 수준으로 바꾸고, 신문을 찍고 난 인쇄 시설을 일반 단행본 서적 출판에도 활용한다. 옥스는 미국 통신사의 원조 격인 AP Associated Press의 운영에도 관여한다. 그의 정통, 고급 정론지 지향 전략은 〈뉴욕타임스〉를 미국에서 가장 권위 있는 신문으로 만들어 낸다.

그는 죽을 때까지 다른 일에는 일체 한눈팔지 않고 오로지 신문의 고급화에만 전력을 다한다. 옥스의 신념을 이어받고 있는 오늘날의 〈뉴욕타임스〉는 자타가 공인하는 세계 최대의 일간지 가운데 하나다.

'자극'할 것인가, '균형'을 지킬 것인가?

언론이 반드시 지켜야 할 덕목이 무엇인가에 대한 논쟁은 현대에 와서도 그치지 않고 있다. 그 논쟁에 있어 동시대에 언론인으로 활동했던 퓰리처와 옥스는 그 양쪽에 서 있었다고 할 수 있다. 퓰리처는 대중이 원하고 대중이 알아야 하는 소식들을 전하고자 했다. 옥스는 사실을 기반으로 한, 진실을 전하는 공정한 언론을 지향했다. 그 결과 퓰리처는 〈뉴욕 월드〉를 수많은 독자들을 보유한 최대 신문으로 키울 수 있었다. 비록 〈뉴욕 월드〉는 1931년에 폐간되었지만 지금도 미국 역사에 남는 주요 신문이었다는 평가를 남긴다. 또한 죽을 때까지 신문의 고급화에 힘쓴 옥스의 〈뉴욕타임스〉는 현재에도 국내외의 신뢰를 받는 권위 있는 일간지다.

'자극'과 '균형'은 퓰리처와 옥스가 선택한 언론 전략이었다. 언론은 대중들이 모르는 그러나 알아야 할 센세이셔널한 사실을 전해야 하고, 한편 중립적인 공평한 기사를 상식적으로 게재해야 할 의무도 있다. 퓰리처와 옥스가 가졌던 언론에 대한 상이한 전략은 두 사람을 각기 다른 방식으로 미국 언론 역사에 남게 했다.

Genius Thinking

중요한 것은 사람들의 심리를 읽는 것이다
① 파격과 도발로 신문을 키운 퓰리처
② 균형과 비판으로 신문을 키운 옥스

숨겨진 유대인 이야기
공산주의의 창시자, 칼 마르크스

왼쪽부터 『공산당선언』, 『자본론』

　2005년, 영국의 BBC는 '세계에서 가장 유명하고 영향력있는 사상가'를 조사했다. 1위는 철학자이자 경제학자이며 사회 혁명가인 '칼 마르크스Karl Heinrich Marx'였다. 『자본론Das Kapital』과 『공산당 선언Manifest der Kommunistischen Partei』이 나온 지 100년이 더 넘었지만 여전히 마르크스는 사회주의와 공산주의의 창시자로 군림한다.

　마르크스는 독일 프로이센 유대계 가정에서 태어났다. 그의 아버지는 대대로 랍비 교육을 받았던 랍비 집안의 아들이었다. 그러나 변호사였던 그의 아버지는 유대인이라는 이유로 일을 하지 못할 위기에 처하자 기독교로 개종한다. 그리고 가문의 성을 '모르데카이'에서 '마르크스'로 바꿨다.

"만국의 프롤레타리아여, 단결하라!"

　1848년 프랑스 2월 혁명 직전 완성한 『공산당 선언』은 반동의 시대였던 1850년대와 1860년대의 시작을 알렸다. 독일 프로이센에서는 절대주의가 강화되었고, 민주주의를 외치는 언론과 노동자의 목소리는 틀어막혔고 노동자들의 모임은 줄줄이 깨져나갔다. 이때 마르크스는 연구에 몰두하여 1867년 『자본론』의 제1권을 출간한다.

"그들의 몰락과 프롤레타리아 계급의 승리는 불가피하다."

　현대 자본주의의 사회를 분석하고 그 미래를 예언하고 있는 『자본론』은 자본주의의 몰락은 역사적 필연이라고 주장한다. 마르크스 주의를 이론적 기반으로 삼아 공산주의의 기본 토대를 만든 블라디미르 레닌Vladimir Il'ich Lenin은 러시아 10월 혁명을 주도했다. 러시아 사회민주노동당이 분열하여 형성된 볼셰비키 주도로 이루어져 '볼셰비키 혁명'이라고도 하는데, 20세기 최초이자 세계 최초의 공산주의혁명이었다.

　1883년 마르크스가 사망했을 때 평생 그의 후원자이자 친구였던 엥겔스는 그를 이렇게 추도했다.

"한평생 그의 사명은 프롤레타리아트의 해방에 기여하는 것이었습니다. 그는 누구도 필적할 수 없는 열정과 불굴의 의지를 가지고 투쟁했으며, 그 누구와도 비교할 수 없는 성공을 거두었습니다."

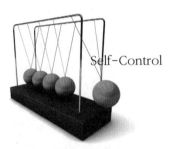

Self-Control

천재는 자신을 지배한다. 자신을 극복하고 자신이 몸담고 있는 조직을 잘 관리하는
자가 궁극적으로 세상의 지배자가 된다. '너 자신을 알라'고 한 소크라테스의 언명 이
래 자신의 사고와 감정과 의지를 자신의 통제하에 두는 사람이 역사를 이끌어 왔다.

5

자신을 지배하는
천재의 생각법

랍비들은 사람이 죽어서 하늘 나라에 가면,

우선 하늘 나라 문에서

"너는 거래에서 정직했느냐?"

라고 심문한다고 믿는다.

− 탈무드

18 신과도 계약을 하라
아브라함

"아브람이 이르되

주 여호와여 내가 이 땅을 소유로 받을 것을 무엇으로 알리이까"

– 창세기 15:7~8

역사 시대의 서막, 성서의 무대, 메소포타미아

인류 최초의 문명이 탄생한 곳은 티그리스 강과 유프라테스 강 사이의 비옥한 초승달 지대, 메소포타미아다. 농사와 상업, 행정에 관한 일들은 문자로 기록되었다. 이 지역에서 발흥한 수메르 문명에서 바퀴, 상·하수도, 야금술, 달력, 군대, 달력, 계획도시 등 수많은 '최초'가 탄생했다. 20세기까지만 해도 사람들은 고대 문명이 이렇게까지 발달했을 줄은 상상하지 못했다. 그러나 유적이 발굴되고 수메르 문자가 속속 발견되기 시작했다. 인류 최초의 문자로 선사 시대와 역사 시대를 가르는 문을 연 것이다. 여러 지역의 민족들과 각 특산품들이 몰려들고 문학과 과학, 상업 등이 발달했던 문명의 발흥지에서 일찍이 '계약'이라는 수단이 등장한 것은 그리 놀라운 일도 아니다. 점토판에 새겨진 세계 최초의 상거래 계약서도 이 지역에서 발견되었다.

인류 최초의 문명, 수메르의 문자

또한 이 지역은 바로 성서의 무대이다. 믿음의 아버지, 아브라함의 고향은 갈대아 우르였다. 갈대아 우르는 오늘날 유적지만 남아 있지만 수메르 최강의 도시라고 알려져 있다. 아버지 데라는 큰아들 아브람(아브라함) 부부와 손자 롯을 데리고 갈대아 우르에서 가나안을 향해 가다가 하란에 정착해 살고 있었다. 하란은 '길 · 통로 · 대상隊商'이라는 의미로 바빌로니아-소아시아-이집트를 연결하는 통상 중심지였다.

아브람(아브라함)의 아버지는 우상을 만들어 파는 상인이었는데, 아브람의 눈에는 아버지가 만든 우상을 사람들이 신으로 떠받드는 것이 이상해 보였다.

다음은 랍비 히야Hiyya가 쓴 탈무드의 한 대목이다.

우상을 만들어 팔던 데라는 아들 아브람에게 가게를 맡기고 외출을 했다. 그런데 돌아와 보니 우상이 다 부서져 있고 아브람은 가장 큰 우상의 손에 도끼를 쥐어주고 있었다.

"너는 어떻게 내가 만들어 놓은 우상을 이렇게 다 부숴버릴 수가 있냐?" 아버지가 화가 나서 말했다.

그러나 아브람은 "내가 부순 게 아니에요. 우상들이 배가 고프다고 해서 밥을 줬는데 그 가장 큰 우상이 혼자 먹겠다고 도끼로 다 부숴 버린 거예요."라고 말도 안 되는 변명을 했다.

"야, 이놈아! 우상이 생명도 없는데 어떻게 도끼를 들고 다 부술 수가 있겠냐?"

"아버지 말씀이 맞아요. 우상은 생명도 없어요. 그러면 생명도 없는 우상이 어떻게 사람을 도울 수 있다고 생각하시는 건가요?"

아브람은 생명이 없는 우상은 결코 신이 될 수 없다고 생각했다. 신은 무엇일까를 생각하며 하늘을 보던 아브람은 자연과 천체의 질서를 발견하게 되고 그것을 관장하는 어떤 초월적인 능력을 가진 존재를 깨닫게 되었다. 유세푸스가 쓴 『유대고대사』에는 이와 관련한 아브라함의 독백이 나온다.

"천체가 우리의 유익에 기여하는 것이 있다면 그들이 모두 천체를 주관하시는 창조주의 명령에 순종하고 있기 때문일 것이다."

– 요세푸스 『요세푸스1』

이것이 어떤 신적 존재와의 교감이었을까? 아브람은 인간으로서 최초로 천지를 창조한 야훼 하느님과 이야기하게 된다.

하느님과 대등하게 계약한 아브라함

"네 고향과 친척과 아비의 집을 떠나 내가 장차 보여줄 땅으로 가거라. 나는 너를 큰 민족이 되게 하리라. 너에게 복을 주어 네 이름을 떨치게 하리라. 네 이름은 남에게 복을 끼쳐주는 이름이 될 것이다. 너에게 복을 비는 사람에게는 내가 복을 내릴 것이며 너를 저주하는 사람에게는 저주를 내리리라. 세상 사람들이 네 덕을 입을 것이다."

– 창세기 12:1~3

성경에 따르면 아브라함은 하느님의 한마디로 길을 떠난다. 그의 나이 75세 때이다. 당시 하란은 굉장히 발달한 도시였기 때문에 모든 식솔을 이끌고 떠난다는 결정이 쉽지 않았을 것이다. 그러나 아브라함은 하느님의 한마디에 어떤 반발도 없이 그대로 길을 떠났다. 아브라함은 아내 사라와 조카 롯 등의 대규모 식솔을 이끌고 우르에서부터는

900km나 떨어진 가나안에 도착했다. 가나안 사람들은 이때부터 이들을 히브리(헤브라이) 사람들이라고 불렀다. '유프라테스 강 건너에서 온 사람들'이란 뜻이다.

《아브라함의 출발》 16세기경, 자코포 다 폰테Jacopo da Ponte

"내가 너와 계약을 맺는다. 너는 많은 민족의 조상이 되리라. 내가 너를 많은 민족의 조상으로 삼으리니, 네 이름은 이제 아브람이 아니라 아브라함이라 불리리라."

– 창세기 17:4~5

노아의 자손이며 유대인들이 시조로 여기는 아브라함은 99세에 신을 상대로 계약하고 대가를 받았다. "내가 너와 계약을 맺는다."로 시작하는 아브라함과 하느님 사이의 계약 내용은 이후 유대인 신앙의 모태가 된다.

아브라함은 이 계약으로 아브람이라는 이름을 버리고 '아브라함'이라는 이름을 받는다. '아브'는 아버지라는 뜻이고 '함'은 민족이라는 의미이다. 아브라함은 이후 계약의 내용에 따라 '민족의 아버지'가 된다.

"나는 너와 네 후손의 하느님이 되어주기로, 너와 대대로 네 뒤를 이을 후손들과 나 사이에 나의 계약을 세워 이를 영원한 계약으로 삼으리라."

– 창세기 17:7

그는 가나안 땅을 받고 자손들이 번창하여 민족을 이루고 왕이 될 것이라는 약속을 받는다. 그리고 아브라함이 하느님께 한 약속 중 대표적인 것은 '할례'였다. 할례는 남성의 포피를 베는 것으로 하느님은 "그러면 내 계약이 영원한 계약으로서 너희 몸에 새겨질 것이다."라며 남자가 태어나면 8일 만에 할례를 받을 것을 말했다. 아브라함은 계약의 말 이후 즉시 식솔들 중 남자들에게 할례를 실시했다.

유대인에게 할례는 하느님과 계약을 맺었다는 증거가 된다. 어떠한 상황에서라도 하느님과의 약속을 저버리지 않겠다는 표시이기도 하다. 아브라함은 '선민'으로서 하느님으로부터 가나안을 받는 대신 신의 자손으로 살아가기로 계약한 것이다. 아브라함은 계약을 맺으면서 세 살 된 암소, 암염소, 숫양과 산비둘기, 집비둘기 새끼를 바친다. 그중 암소, 암염소, 숫양은 반으로 쪼개 제물로 바친다.

신에게서 받은 계약 정신은 사라지지 않는다

물론 아브라함은 신하고만 계약을 했던 것은 아니다. 그의 아내 사라는 127세에 예루살렘 남쪽의 헤브론 땅에서 죽었다. 하느님께 가나안을 받았다고는 했지만 그때까지도 아브라함은 가나안에서 이방인이었다. 그는 소유한 땅이 없었기 때문에 사라를 장사지낼 땅이 없었다. 아브라함은 헤브론 사람들에게 장사지를 구하러 다니다가 땅을 거저 주겠다는 제안을 받는다. 아브라함은 그때 가나안 사람들에게 귀인 대접을 받고 있었기 때문이었다.

"영감님, 내 말을 들으십시오. 그 밭을 영감님에게 그냥 드립니다. 그 밭에 딸린 동굴도 함께 드립니다. 내 겨레가 보는 데서 드리는 것이니어서 부인을 안장하십시오."
"그러시다면, 내 말도 들어주십시오. 땅값을 드릴 터이니 받아주십시오. 그래야 내 아내를 거기에 안장할 수 있겠습니다."

– 창세기 23:11~13

무상 제의를 두 번, 세 번 한사코 거절하여 땅 값을 전부 치른 뒤 그는 아내를 장사지냈다. 아브라함이 땅을 사는 데 든 돈은 은 400세겔로, 지금의 단위로 환산하면 대략 은 4.5kg이다. 아브라함은 아내가 죽어 큰 슬픔에 빠져 있는 상태에서도 공짜로 받을 생각은 전혀 하지 않았던 것이다. 아브라함에게 '주는 것이 있어야 받는 것이 있고, 받는 것이 있으면 반드시 준다'는 것은 당연한 명제였다.

아브라함으로부터 전해지는 계약의 전통

유대인들은 스스로 하느님과 계약을 맺은 민족이라고 여긴다. 그들이 믿는 성서의 내용도 그들과 하느님이 맺은 계약의 연속이다. 유대인의 일상 또한 하느님과의 계약을 기본으로 그 아래에서 파생된 수많은 율법 안에서 이루어진다. 그래서 유대인은 '계약의 민족'으로 불리고 있다.

계약의 도시에서 태어나 신과도 계약을 맺은 아브라함의 사고방식은 2천 년 이상의 기나긴 역사를 통해 유대인의 정신에 뿌리 깊게 응축되어 왔다. 그 옛날 신과도 계약했던 아브라함을 조상으로 둔 유대인이, 그 정신을 이어 같은 인간을 상대로 하여 언제나 계약하며 살아가는 것은 당연한 일이다. 계약에 기반을 둔 아브라함의 정신대로, 또한 계약의 민족이라는 별명처럼 유대인은 일상의 모든 일에서 철저히 계약을 통해 점검하고 진행한다. 유대인이 계약에 엄격한 것은 아브라함으로부터 수천 년 동안 이어져 온 유대인의 전통이자 정신인 것이다.

Genius Thinking

세상의 그 누구와도 계약한다
① 하느님과 계약을 한 유대인의 시조 아브라함
② 쌍방 합의를 바탕으로 자신의 요구를 관철한다

"금과 은은 불 속에서 정련되어야 비로소 빛난다."

- 유대 격언

Genius Thinking

19 승리는 최후까지 버티는 자의 몫

요셉

"바로가 그의 신하들에게 이르되 … 하나님이 이 모든 것을
네게 보이셨으니 너와 같이 명철하고 지혜 있는 자가 없도다"

- 창세기 41:38~39

형들의 질투로 이집트의 노예로 팔려 간 요셉

"저 녀석을 죽여 아무 구덩이에나 처넣고는 들짐승이 잡아먹었다고
하자."

요셉의 형제들은 요셉을 미워했다. 그의 아버지 야곱이 요셉을 눈에
띄게 편애했기 때문이었다. 야곱에게는 두 명의 부인이 있었는데 그가

진정으로 사랑하는 여인은 둘째 부인이었던 라헬이었다. 요셉은 야곱의 열 두 아들 중 11번째 아들로 막내 베냐민과 함께 라헬의 소생이었다. 라헬이 베냐민을 낳다 죽자 야곱은 그녀에게 주었던 사랑을 요셉에게 쏟는다. 야곱은 눈에 띄게 요셉을 편애했다. 자연히 나머지 형제들은 요셉을 시기질투하게 되었고 결국 형제들은 요셉을 해칠 음모를 꾸미게 된다. 야곱의 심부름으로 양을 치는 형제들을 보러 온 요셉을 죽이기로 한 것이다. 형제 중 하나가 갑자기 마음을 바꾸어 요셉은 겨우 죽음을 면하지만 이집트 노예로 팔려 가게 되는데, 이것이 요셉이 겪는 고난의 시작이다.

누명을 쓰고 옥에 갇히고, 고난의 연속

야곱의 사랑받는 아들에서 졸지에 노예가 되어버린 요셉. 그러나 그는 결코 좌절하지 않았다. 그는 이집트에서 보디발 장군의 집에서 일하게 되는데, 노예의 신분에도 뛰어난 능력을 발휘하여 보디발에게 인정받는다. 그 결과 요셉은 집안의 살림을 관리하는 총무를 맡는다.

한편 요셉의 준수한 용모에 반한 보디발의 아내는 요셉을 유혹하기 시작한다. 그러나 요셉이 하느님 앞에 죄를 지을 수 없다며 반복하여 거절하자 보디발의 아내는 분한 마음에 요셉이 놓고 간 옷을 증거로 삼아 자신을 겁탈하려고 했다는 누명을 씌운다. 결국 요셉은 옥에 갇히게 되어 노예에서 죄수로 한 계단 더 떨어지고 만다.

〈요셉과 보디발의 아내〉 1630, 귀도 레니(Guido Reni)

그러나 옥에 갇힌 상황에서도 요셉은 자신의 능력을 내보이는 것을 게을리 하지 않는다. 총명함을 알아본 간수를 도와 사무를 보다 우연한 기회에 누명을 쓰고 감옥에 갇힌 왕의 시종들의 꿈풀이를 해준다. 후에 그 시종은 오해가 풀려 왕의 곁으로 돌아가는데, 이것이 계기가 되어 왕의 꿈도 해몽하게 된다. 그 꿈은 미래에 닥칠 이집트의 흉년을 예지 하는 것이었다.

"앞으로 올 일곱 해 동안 이집트 온 땅에는 대풍이 들겠습니다. 그러
나 곧 뒤이어 흉년이 일곱 해 계속될 것입니다. 이집트 땅에서 언제 배
불리 먹은 일이 있었더냐는 듯이 옛일을 까마득히 잊어버리게 될 것입
니다. 이런 흉년으로 나라는 끝장이 납니다."

– 창세기 41:29~30

요셉의 말대로 풍년이 7년 동안 이어지자 왕은 요셉의 말을 믿었다.
요셉은 총리가 되어 풍년이 든 동안 곡물을 비축해 두었다가 후에 덮친
7년의 기근 동안 그것을 풀어 사람들을 굶주림으로부터 구했다.

한편, 요셉의 가족이 있는 가나안도 기근에 시달리기는 마찬가지였
다. 요셉은 아버지와 형제들을 풍요로운 이집트로 불러 들인다. 이리하
여 야곱은 아들들과 딸린 식구들을 거느리고 이집트에서 가장 풍요로
운 나일 강 유역 '고센'에 정착할 수 있었다.

인내와 극복으로 점철된 파란만장한 삶, 그리고 유대인

이때는 이집트를 지배하던 힉소스 왕가의 통치 말기였는데, 힉소스
왕가와 이스라엘 민족이 같은 셈족이었기 때문에 요셉이 친족들을 불
러 들여 쉽게 정착시킬 수 있었다. 힉소스인들은 이집트 원주민이 아니
라 침략자였고, 이 침략자들이 이집트를 통치한 250년간 이집트 원주
민의 다수는 남쪽으로 쫓겨났다. 반면 이스라엘 민족은 힉소스 왕가의
호의로 북쪽의 기름진 땅에 살면서 번성할 수 있었다.

 그러나 후에 힉소스족이 멸망하고 등장한 신왕조는 이집트 땅을 차지하고 있었던 이스라엘 민족의 언어와 문화를 말살하기 위해 박해하기 시작한다. 람세스 2세는 이집트와 세력을 다투었던 히타이트와 평화 협정을 맺어 정세를 안정시키는데, 그 후 가장 먼저 한 일은 이스라엘 노예를 사용해 거대한 건축물을 지은 것이었다. 아비도스 신전, 카르나크 신전, 룩소르 신전, 아부심벨 대신전과 소신전, 라메세움 신전 등 현재 관광 명소로 남아 있는 이집트 유적 대부분이 이스라엘 노예의 노동력으로부터 지어졌다. 그러나 이러한 박해 속에서도 유대인은 430여 년 만에 2백만 명이 넘는 큰 민족으로 성장했으니, 이들의 생명력은 놀랄 만하다고 할 수 있다.

이렇듯 4천여 년 유대인 역사는 한마디로 시련의 역사였다. 앞에서 이야기한 것처럼 4백여 년간 이집트에서 노예 생활에 시달리다가 탈출한 후에도 다시 40여 년 동안 광야에서 떠돌았다. 그 뒤 아시리아와 바빌론으로부터 나라를 빼앗겼던 포로 시대를 거쳐 로마제국에 의해 세계 곳곳으로 뿔뿔이 흩어졌고, 제2차 세계대전 중에는 나치에 의한 '유대인 대학살'이라는 시련을 받았다.

독일 베를린에 위치한 홀로코스트 메모리얼. 나치에 의해 희생당한 유대인들을 추념하기 위해 만들어졌다.

이러한 가혹한 박해 속에서도 유대인들은 강인한 생명력으로 존속해왔다. 유대인은 특별한 신체적인 특징이 없기 때문에 유대인임을 포기하고 그 생활방식을 따르지 않으면 충분히 그 굴레에서 자유로울 수 있었다. 그러나 그들은 굳건했다. 유대인의 가족은 한 가정뿐만 아니라 유대교의 가르침대로, 민족 전체였다. 유대인은 한 뿌리에서 태어난 한 가족이라는 의미의 '크랄Klal 이스라엘'이다. 그들은 스스로 전 세계의 유대인은 씨줄과 날줄처럼 엮여 있으며 누구도 이 씨줄과 날줄을 떠나서는 존재할 수 없다고 생각한다.

유대인은 4백여 년의 노예 생활에서도 유대인임을 포기하지 않고 끈질기게 그들만의 언어와 문화를 지켜 왔다. 오히려 그 수를 불려 이집트가 위협을 느낄 만큼의 민족으로 성장했다. 그 앞에는 형제들에게 버림받고 노예생활을 하며 누명을 쓰면서도, 좌절하지 않고 인내하여 능력을 발휘해 정상까지 올라간 요셉이 있었다. 지금까지 '유대인'을 '유대인'으로 남아 있게 하는 강력한 요인 가운데 하나는 요셉으로부터 내려오는, 시련을 끝까지 버텨내는 인내의 사고방식인 것이다.

승리는 최후까지 버티는 자에게 온다
① 다가오는 수많은 역경을 항상 기회로 활용하는 요셉
② 수많은 어려움을 극복하고 최후에 최고가 되다

유대 민중의 자랑스러운 항전, 마사다 전설

이스라엘에서는 각급 군사학교를 마칠 때 반드시 찾아 비장한 각오로 맹세를 하는 곳이 있다. 바로 마사다 요새다. 그곳은 로마에 끝까지 항전했던 마지막 유대인들이 숨겨간 곳이다. 마사다의 요새 이야기는 서기 70년으로부터 시작된다.

서기 70년 로마 군의 예루살렘 점령으로 1차 유대-로마 전쟁은 일단락되었으나 유대인의 저항이 완전히 끝난 것은 아니었다. 바로 산꼭대기에서 저항하고 있는 마사다의 유대인들이 남아 있었던 것이다. 마사다 요새는 이스라엘의 헤롯왕이 반대세력을 피해 여생을 보내려고 계획했던 곳이라 축적해 놓은 식량과 무기가 풍족했다.

로마에서는 마사다를 중요하게 생각한 것은 아니었다. 모두 합쳐 천 명도 안 되는 규모는 로마제국에 전혀 위협이 되지 못했기 때문이다. 그러나 당시 황제 베스파시아누스는 생각이 달랐다. 이들을 그대로 두면 항쟁의 불길이 언젠가 또다시 타오를 것이라는 예감이 들었던 것이다. 황제는 결국 제10군단에 마사다 함락을 명했다. 서기 72년 플라비우스 실바 장군의 제10

군단 및 보조 병력 9천 명과 유대인 포로 6천 명이 마사다로 진군해 왔다.

끝까지 굴복하지 않은 유대인들은 절벽 위의 요새 마사다에서 배수의 진을 치고 거대한 제국 로마 군단에 대항했다. 성은 완전히 고립되었다. 그러나 사막과 다름없는 들판을 건너온 데다 40~50도를 오르내리는 뜨거운 열기에 지친 로마군은 가파른 벼랑 위에서 아래로 내리꽂히는 화살을 피하기 어려웠다. 불리한 전쟁임을 예감한 실바 장군은 마사다의 서쪽 벼랑의 희고 넓은 바위에 흙과 돌을 채워 인공 비탈을 쌓아 올리도록 명령했다. 공사는 6천 명의 유대인 노예들의 몫이었다. 마사다 요새의 유대인들은 자신들이 살기 위해 동족을 향해 화살을 쏠 수는 없었다. 비탈길이 완성되자 로마군은 돌과 불화살을 날리기 시작했다. 성벽은 속절없이 무너져 내렸다.

그날 밤 마사다 요새의 함락이 목전에 다다르자 유대인 지도자 엘리에제르 벤 야이르는 로마군의 포로나 노예가 되느니 차라리 자결해 자유의 몸이 되자고 호소했다. 그러나 율법 때문에 차마 자살을 할 수 없었던 저항군들 각자 가족들과 뜨거운 이별을 하고 그들을 먼저 죽였다. 그리고 남자를 열 명씩 나누고 그중 한 명을 뽑아 모두 죽이고 마지막에 자결하는 의식을 치른다.

결국 마사다에서 최후까지 저항하던 960명 가운데 두 명의 여자와 다섯 명의 어린이들만 붙잡혀 살아남고 모두 숨졌다.

유대인들은 전 세계에 강제로 흩어졌지만 언어와 율법을 민족의 정체성으로 삼고 2천 년을 버티면서 결국 독립을 이루어냈다. 지금도 그들은 마사다를 찾아 준비해 온 병에 흙을 담아 간다고 한다. 전 세계 유대인들의 단결력은 마사다 정신이고, 그 정신은 흙에 담겨 있다고 믿기 때문이다.

"그 후로 이스라엘에는 두 번 다시 모세와 같은 예언자,

야훼와 얼굴을 마주보면서 사귀는 사람은 태어나지 않았다.

모세처럼 강한 손으로 그토록 크고 두려운 일을

온 이스라엘 백성의 눈앞에서 이루어 보인 사람은 다시 없었다."

– 신명기

Genius Thinking

20 노예가 아니라 리더가 되라
모세

"이스라엘이 여호와께서 애굽 사람들에게 행하신 그 큰 능력을 보았으므
로 백성이 여호와를 경외하며 여호와와 그의 종 모세를 믿었더라"

- 출애굽기 14:31

맨 몸으로 온 구원자 모세

"야훼께서 너희들을 내려다 보시고 벌을 내려주셨으면 좋겠다. 파라
오와 그의 신하들이 우리를 역겨워하게 된 것은 너희들 탓이다. 너희
때문에 그가 칼을 빼어 들고 우리를 치는 것이 아니냐?"

- 출애굽기 5:20~21

이집트 왕조 아래에서 노예생활을 하던 유대인은 구원을 기다렸다. 하늘의 신비한 능력으로 이집트에서 나가거나, 막강한 힘을 가진 하늘의 군대가 쳐들어와 이집트를 부숴 버리는 극적인 탈출이었다. 그러나 막상 구원자라고 나타난 이는 지팡이를 짚은 목동이었다. 심지어 그는 혼자였고 게다가 과거에 그들을 노예로 삼은 이집트의 왕자로 자랐던 사람이었다. 유대인들은 그를 믿지 않았다. 오히려 원망했다.

말주변이 없는 목동, 홀로 나타난 구원자. 그러나 결국 모세는 이스라엘 민족의 지도자로서 추앙받으며 수천 년 동안 유대인이 살아갈 원칙을 내린 율법의 수호자가 되었다.

이집트 탈출을 가능하게 한 지도자

요셉 이후 이집트에 들어가 살던 유대인들은 크게 번성해 오히려 이집트를 위협할 만한 세력으로 성장하였다. 그러자 불안을 느낀 파라오는 모든 유대인을 노예로 만들고 억압하기 시작한다. 그럼에도 유대인들의 숫자가 계속 늘어나자 한 살 이하의 모든 남자 아이를 죽이라고 명령한다.

이때 바구니에 담긴 아이 하나가 이집트 공주의 눈에 띄어 왕족으로 자라게 된다. 이 아이가 바로 '강물에서 건진 아이'라는 뜻의 이름을 가진 모세다.

이집트 왕자로 자란 모세는 미래가 보장된 삶을 살았으나 그의 출신이 히브리인이라는 것을 알게 되고 우연한 기회에 동족이 학대받는 것을 목격하고 이집트인을 살해한다. 그리고 그는 광야를 떠돌며 양을 치는 목동으로 살았다. 전해져 오는 이야기에, 어느 날 모세가 먹이는 어린 양 한 마리가 무리에서 떨어져 길을 잃었다. 모세는 한참을 헤매 어린 양을 찾았고, 지쳤을 어린 양에게 먼저 물을 먹이고 그제야 자신도 목을 축였다. 하느님은 모세가 길을 잃은 어린 양 한 마리에 정성을 들이는 것을 보고, 그렇다면 백성들에게는 얼마나 큰 사랑을 줄 것인가 생각했다고 한다.

하느님은 모세를 불러 히브리 노예들을 이집트에서 탈출시키라고 명한다. 그러나 모세는 처음에 그것을 거절한다. 사람 앞에 나서는 데 자신이 없으며 말주변도 없는 자신의 형편을 생각한 것이다. 그러나 하느님은 "걱정하지 마라. 내가 너와 함께 할 것이다."라고 격려하며 그 힘을 담은 지팡이를 내린다.

"제가 무엇인데 감히 파라오에게 가서 이스라엘 백성을 이집트에서 건져 내겠습니까?"
"내가 네 힘이 되어주겠다. 이것이 바로 내가 너를 보냈다는 증거가 되리라. 너는 나의 백성을 이집트에서 이끌어 낸 다음 이 산에서 하느님을 예배하리라."

– 출애굽기 3:11~12

또한 언변이 뛰어났던 모세의 형, 아론을 그의 대언자로 붙인다. 하느님이 그의 마음과 자질을 보고 부족한 점을 채워주었기 때문에 모세는 참된 지도자로서 첫 발을 떼게 된 것이다. 그리하여 모세는 이집트로 가 파라오에게 히브리 노예들을 풀어 달라고 요청한다. 그러나 무자비한 파라오는 그 청을 들어주지 않았고, 그때부터 하느님이 약속한 열 가지 '재앙'이 나타난다.

열 번째 재앙은 그해 낳은 모든 첫 생명의 죽음이었다. 고대인들은 첫 아이, 첫 아들을 무척 소중하게 여겼다. 이 재앙으로 맏아들을 잃은 파라오는 결국 히브리인들을 풀어준다. 하지만 곧 분노하여 군대를 이끌고 그들을 쫓는데, 이때 하느님은 모세로 말미암아 바다를 가른다. 이것이 유명한 '홍해의 기적'이다.

《홍해 건너기》 1634, 니콜라 푸생 Nicholas Poussin

유대인에게 '구원'은 이집트 탈출로부터 시작된다. 율법을 매개로 하느님과 유대인 간에 계약을 체결함으로써 유대인들은 비로소 하나의 민족으로 묶이게 된다. 진정한 의미의 이스라엘을 시작하게 한 이집트 탈출(출애굽), 즉 엑소더스Exodus는 유대인에게는 무엇보다 중요한 구심점이자 종교적, 역사적 사건이다.

유대인을 자유 민족으로 서게 하다

4백여 년간 이어진 노예 생활은 유대인에게서 자유를 앗아갔고, 그들의 정신에 이른바 '노예근성'이 박히게 만들었다. 도전과 개척을 회피하게 만드는 노예근성은 몇 차례나 반복되는 기적에도 불구하고 모세와 하느님의 존재를 끝없이 의심하게 했다. 이때 모세의 리더십이 유대인들에게 자유 민족으로서의 정체성을 부여한 것이다.

그 중심은 시나이 산에서 하느님으로부터 받은 십계명을 포함한 토라Torah, 율법였다. 유대인들은 이집트 노예 생활의 굴레에서 벗어나 자유로운 인간으로서 새로운 법을 받았다. 모세의 십계명과 율법을 받은 유대인들은 더 이상 '이집트 노예'가 아니라 '하느님의 법으로 사는 당당한 백성'이 된 것이다.

모세가 유대인에게 전한 율법은 유대인들의 삶 자체를 바꾸어 놓았을 뿐만 아니라, '정의'롭고 '공정'했다. 각자 맡은 바가 있었지만 그에 따라 법이 다르게 적용되는 경우는 없었고, 남녀와 노소의 차별도 없었다. 그 무렵 '법 앞의 평등'이라는 개념은 매우 파격적인 원칙이었다.

또한 모세는 합리성도 잃지 않았다. 그는 판사와 행정관을 임명하여 어떠한 문제도 그들로 하여금 토론과 논쟁을 거쳐 결정하게 했다. 그래서 율법에 따른 판결은 일견 가혹해 보이지만 매사에 합리성을 잃지 않고 설득력이 있었다. 성경에는 황소가 사람을 뿔로 받아 죽였을 때의 처분에 대한 이야기가 나온다. 사람을 죽인 황소는 돌로 쳐 죽이되 그 고기는 먹지 않고 주인에게는 죄를 묻지 않는다. 그러나 황소가 원래 난폭한 것을 주인이 알고 있었다면 주인에게도 죄를 물어 책임을 지게 했다.

모세는 또한 집단의 단결을 중요시했다. 그 시작은 신상필벌信賞必罰을 명확히 하는 것이었다. 먼저 하느님의 말씀을 충실히 따르며 그에 순종하는 이들에게는 평화와 안녕을 약속하고, 반드시 그렇게 될 것이라는 확신을 주었다. 오랜 방랑에 지친 사람들에게 숱한 위협으로부터의 안전을 보장했다.

그런 한편 공동체를 분열시키고 집단에 해가 되는 이들은 가차 없이 추방했고, 율법을 그르치는 자가 있으면 단호히 벌했다. 모세는 이러한 공정함을 통해 공동체를 더욱 견고히 했다.

일부 사람들은 '이스라엘 백성은 다 여호와께서 선택한 사람들인데 어째서 잘난 체하느냐'며 모세와 그 주변 사람들을 아니꼽게 보았다. 그러다가 드디어 그 불만을 모세에게 말하게 된다. 이를 들은 하느님이 분노하여 모두 죽이겠다고 하자 모세는 말리는 한편 주동자들에게만은 벌을 내리기를 청한다.

"이제 야훼께서는 여태껏 너희가 들어 본 적도 없는 일을 하실 것이다. 땅이 입을 벌려 이들과 그 딸린 식구들을 함께 삼켜 모두 산 채로 지옥에 떨어뜨릴 것이다. 그러면 너희는 과연 이들이 야훼를 업신여겼다는 것을 알게 되리라."

– 민수기 16:30

경계 안의 사람들에게는 자비를, 그를 벗어난 사람들에게는 가차 없는 판결을 내려 경계 안에서 희망을 볼 수 있도록 한 것이다. 이렇게 함으로써 모세는 하느님의 존재와 자신의 정당성을 사람들에게 끊임없이 확인시켰다.

유대인을 하나로 만든 최고의 리더

〈모세〉 1515~1516년경, 미켈란젤로Michelangelo Buonarroti

모세는 위대한 리더였다. 본래 말주변도 없고 사람들 앞에 나서지도 못하는 목동에 불과했지만 그는 참된 지도자로 거듭났다. 성경에서는 "모세처럼 강한 손으로 그토록 크고 두려운 일을 온 유대 백성의 눈앞에서 이루어 보인 사람은 다시 없었다."라고 이야기했다. 그는 자신의 부족한 점을 인지하고 대언자 아론을 곁에 두는 지혜를 발휘했다. 그리고 오랜 노예 생활로 위축된 유대인들에게 자립적인 삶으로 안내하는 율법을 주었다. 또한 율법을 합리적으로 적용하기 위해서는 많은 사람의 머리가 필요하다는 사실을 깨닫고 서로 토론하여 문제를 해결하도록 하였다.

모세는 기나긴 노예 생활로 절망에 빠졌던 유대인들을 '탈출'이라는 구원으로 이끌었던 지도자였다. 하느님의 인도, 평화와 축복에 대한 확신, 보장된 안전은 그들에게 곧 희망이었다. 이로 인해 유대민족은 노예가 아닌 자유민족으로 거듭날 수 있었으며, 지금까지 그들은 십계명 속에서 자신들의 자유로운 삶을 지켜내고 있다. 율법을 바탕으로 한 모세의 긍정적이면서도 공정한 리더십이 히브리인을 하나의 '유대인'으로 만들었다고 할 수 있다.

이끌리지 말고 이끌어라
① 희망은 주체적으로 찾아나가야 한다
② 언제나 자신을 이끌고 세상을 이끌어나가는 모세

모세 오경

모세오경은 모세가 썼다고 알려진 다섯 가지 경전을 말하며 창세기, 출애굽기, 레위기, 민수기, 신명기로 구성되어 있다. 원래는 한 권이었으나 분량이 너무 많아 유대인들이 다섯 두루마리로 나누어 오경五經이라고 불렀다. 오경의 또 다른 이름은 '토라'이다. 토라는 율법이라는 의미로 하느님의 백성으로서 지켜야 할 도리를 설명하고 있다.

오경이라는 말은 2세기경 알렉산드리아의 교부 오리겐에 의해 처음 쓰여졌다.

창세기|Genesis

창세기는 유대인의 하느님, 여호와가 세상을 창조한 기록이라는 뜻이다. 히브리어 성경에는 첫 단어를 따서 베레쉬트(태초에)라고 되어 있다. 헬라어로는 게네세오스라고 하는데 이는 영어 제네시스Genesis의 어원이 된다. 유대인들은 세계 창조의 책이라고 부르기도 했다. 창세기라는 명칭은 본서 2장 4절에 기록된 "여호와 하느님이 천지를 창조하신 때에 천지의 창조된 대략은 이러하니라"라고 한 구절에서 따온 것이다.

창세기는 우주의 창조로부터 요셉의 죽음에 이르는 기간까지의 하느님의 계시를 간략하게 기록하고 있다. 여기에는 세계의 기원이 설명되고 있는데 첫째, 우주의 시작, 둘째, 인간의 시작, 셋째, 죄의 시작 넷째, 유대민족의 시작이다.

창세기 1장부터 11장까지는 2천 년의 시간이 흐르고 있다. 이 부분은 아브라함의 이야기를 시작하기 위한 창세기의 서론이라고 할 수 있다. 이어지는 12장에서 50장까지 아브라함부터 유대 민족이 형성되는 기간으로, 약 300년 동안의 기록이다.

주요 사건들로는 창조, 인간의 타락, 홍수와 노아의 방주, 바벨탑 사건, 아브라함과의 계약, 이삭의 일생, 야곱의 일생, 요셉의 고난과 이스라엘의 이집트 이주 등이다.

출애굽기│Exodus

출애굽기를 뜻하는 엑소더스Exodus는 헬라어로 '탈출', '벗어남'이란 뜻이다. 이집트에서 탈출했다는 의미이다. 출애굽기의 내용들은 대략 BC 1450년경의 기록으로써 이스라엘이 하나의 민족으로 탄생하는 것에 대한 내용을 담고 있다.

구성은 다음과 같다.

① 노예 생활을 하는 유대인 ② 모세의 등장과 하느님의 계시 ③ 모세와 파라오의 대결 ④ 열 가지 재앙 ⑤ 마지막 재앙과 유월절PassOver ⑥ 홍해의 기적 ⑦ 시내산까지 이동 ⑨ 모세와 십계명 ⑩ 성막의 구조 ⑪ 우상숭배와 징벌 ⑫ 유대인과 성막

레위기|Leviticus

레위인들의 일이라는 뜻이다. 레위인들은 당시 제사장직을 수행하던 지파였다. 그러나 레위기의 기록들은 제사장들에게만 국한되지 않는다. 기원전 15세기부터 13세기경에 쓰여졌다.

레위기는 어려운 규례와 법도로 구성되어 있어서 쉽게 읽히지 않는다. 그러나 하느님이 이스라엘에게 생명과 평강을 주겠다고 약속한 책이기 때문에 대단히 중요한 비중을 차지한다.

모세는 시내산에서 십계명과 레위기를 받아 적었다고 전해진다. 십계명이 원리라고 하면 레위기는 실제다. 하느님의 계획이 이스라엘 백성의 삶에 그대로 적용되기를 바라는 책이라고 할 수 있다.

레위기에는 5대 제사법, 제사장 의식법, 정결법, 사회질서법, 절기법, 기타법 등으로 구성되어 있는데 구체적인 방법까지 상세하게 기록되어 있다.

민수기|Numbers

민수기의 히브리어 이름은 '광야에서'라는 뜻을 가지고 있다. 그만큼 광야에서의 약 40년간의 생활을 보여 주고 있다. 헬라어 성경에는 '리베르 누메리Liber Numeri'라고 해서 '셈하는 책'이라는 뜻이다. 영어 성경도 이를 따라 '숫자Numbers'라고 되어 있다. 이런 이름이 붙은 이유는 이스라엘이 시내산과 모압 땅에서 두 차례 백성의 수를 헤아렸기 때문이다.

민수기는 크게 두 세대의 이야기가 실려 있다.

첫째는 시내산에서부터 시작되는 새로운 여정을 지내고 불평과 불신앙으로 인해 가나안에 들어가지 못한 세대이고, 둘째는 광야의 시련을 겪으며 성장하여 결국 하나님의 땅, 가나안에 들어가는 세대이다.

주요 구성은 다음과 같다.

① 1차 인구 조사 ② 새로운 여정의 시작 ③ 가데스 행군 ④ 백성의 원망 ⑤ 광야에서의 방랑 ⑥ 모압 행군 ⑦ 제2차 인구조사 ⑧ 제사 서원과 규례 ⑨ 가나안 정복 및 분배 규례

신명기|Deuteronomy

히브리어 성경에는 '이는 말씀이다'라는 구절로 시작된다. 헬라어 성경에 율법의 반복이라는 의미로 '듀테로노미온'이라고 쓰였고 영어 성경에는 이를 따서 Deuteronomy라고 했다.

광야에서 이스라엘은 결코 평탄하지 않았다. 신앙도 좋지 못했고 장애를 만날 때마다 불평과 불만을 쏟아 냈다. 이런 모습은 결코 하느님이 원하시는 모습이 아니었기에 가나안을 목전에 두고 하느님은 모세를 통해 이들에게 새로운 각오와 결단을 촉구하는데 계명과 율법을 재해석해주고 가나안에 들어가서 어떻게 살아야 할 것인가에 대한 명령을 전한다. 이것이 신명기의 내용이다.

내용 구성은 다음과 같다.

① 광야생활 ② 십계명과 규례 ③ 두 번째 설교-의식법, 시민법, 사회법 ④ 세 번째 설교-규례 ⑤ 모압에서의 언약 ⑥ 모세의 마지막 설교와 죽음

"너에게 일어나는 일은 모두 최고다. 그러니 모든 것을 받아들여라."

– 유대 격언

21 '현재'를 사랑하고 긍정하라

다윗

> "내가 다시 돌아오게 할 수 있느냐
>
> 나는 그에게로 가려니와 그는 내게로 돌아오지 아니하리라 하니라"
>
> – 사무엘하 12:23

부하의 아내를 가로챈 왕 다윗

어느 날 저녁에 산책을 하던 이스라엘의 왕 다윗은 아름다운 밧세바의 목욕하는 장면을 훔쳐보게 된다. 마침 그녀의 남편 우리야는 전쟁터에 갔고 밧세바는 남편 없이 집에 있다는 사실을 파악한다. 왕은 밧세바를 데려다가 정을 통하고 돌려보냈다. 이 일로 임신을 하게 된 밧세바는 다윗에게 그 사실을 알렸다.

〈밧세바〉 1889, 장 레옹 제롬Jean Leon Gerome

　부하의 아내를 임신시킨 다윗 왕은 난처해졌다. 그는 밧세바의 남편 우리야를 전쟁터에서 불러들여서 집에 돌아가 푹 쉬라고 하였다. 우리야와 밧세바를 동침시켜 자신의 불륜을 무마하려고 한 것이었다. 그러나 우리야는 그날 밤 대궐 문간에서 근위병들과 함께 밤을 새웠다. 우직한 군인이었던 우리야는 상관과 동료들은 전장에서 고생하고 있는데 자신만 쉴 수는 없다고 생각했다.

　다윗 왕은 결국 전쟁 지휘관 요압 장군에게 편지로 명령을 내린다. 그 편지의 명령은 우리야를 가장 치열한 전투의 선두로 세워 죽게 하라는 것이었다. 우리야는 곧 전사하고 만다. 다윗은 남편을 잃은 밧세바를 궁으로 불러 아내로 삼았다.

밧세바와 다윗의 첫 아들은 하느님의 분노를 사 앓아눕고 얼마 지나지 않아 죽는다. 다윗은 아들이 죽기 직전까지는 절체절명으로 몸부림치며 하느님께 아들을 살려주실 것을 간청한다. 그러나 막상 죽었다는 소식을 듣자 언제 그랬냐는 듯 평소대로 돌아간다. 신하들이 놀라 아이가 죽을 지경일 때는 그다지도 슬퍼했었는데, 아이가 죽으니 어찌 이러느냐고 물었다.

"내가 다시 돌아오게 할 수 있는가?"

아들이 죽기 전까지 식음을 전폐하고 열과 성을 다해 하느님께 기도하다가, 아들이 죽은 것을 알고 더 이상 자신이 할 수 있는 일이 없음을 깨닫고 일상으로 돌아온, 이스라엘의 2대 왕 다윗이다.

이스라엘, 신의 대리자로서 왕을 세우다

가나안으로 돌아온 히브리인들은 땅을 분할해 12지파 족장들에게 통치를 맡겼다. 그들은 하나의 국가가 아니었고 오직 종교의식에서만 통일했다. 초기 이스라엘 정치 형태의 특징은 신을 주권자로 모시면서 모든 지파가 평등한 권리를 누리는 것이었다. 즉 이스라엘은 자신들의 평등 이념을 기초로 한 종교 중심 공동체였다.

이 당시 남부 해안에 바다의 민족인 필리스틴Philistine 사람들이 이주해 왔다. 성경에서는 이들을 '블레셋 사람들'이라고 불렀다.

이들이 현 팔레스타인Palestine 사람들이다. 이스라엘인이 청동 무기를 쓰고 있을 때 이들은 철제 무기를 사용했다. 이때부터 두 민족 간의 충돌과 영토 분쟁이 시작된 것이다. 오늘날 이스라엘과 팔레스타인이 갈등을 벌이는 가자지구도 고대 필리스틴 사람들이 건설한 곳이니 그 충돌이 얼마나 오래되었는지 알 수 있다.

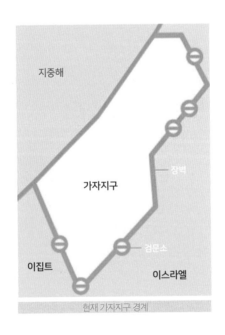

현재 가자지구 경계

고대 이스라엘인들은 필리스틴과 수많은 전투를 치렀다. 엄청난 힘을 자랑하던 삼손이 필리스틴에게 포로로 잡혀 죽은 후, 12지파 중 '단 지파'는 와해되었고 '유다 지파'는 필리스틴에게 넘어갔다. 위기를 느낀 이스라엘 사람들은 더 강력한 지도 체제의 필요성을 체감했다. 당시 이스라엘 12지파는 외부에서 적이 침략해 왔을 때만 일시적으로 '판관'이라는 지도자 밑에서 동맹을 맺었다. 그러나 이런 체제로는 강력한 권력을 가진 왕의 지휘 아래 움직이는 필리스틴을 대적할 수 없었다. 이스라엘 사람들은 강력한 왕권을 가진 정치 체제를 새로 만들었다. 제사장이던 사울을 제1대 왕으로 세웠다. 때문에 이스라엘의 사울, 다윗, 솔로몬 왕은 다른 나라의 왕과는 달리 절대적인 권력을 휘두르지 않았고 그들은 신의 대리자일 뿐 신이 백성을 다스린다는 사상을 갖고 있었다.

통일 왕국을 이룬 이스라엘의 두번째 왕, 다윗

제1대 이스라엘 왕인 사울의 뒤를 이어 왕위에 오른 다윗은 필리스티아의 거인 골리앗을 돌팔매로 물리친 영웅이었다. 다윗은 말과 전차로 훈련된 필리스틴 군대에 맞서 활로 병사를 무장시켰다.

그리고 다윗은 이스라엘 12지파를 통합해 강력한 통일왕국을 만든다. 당시 수도인 헤브론은 남쪽으로 치우쳐 있다고 판단해 다윗은 이스라엘의 수도를 이전하려고 했다. 그는 이민족이 사는 예루살렘을 공격하기로 했다. 예루살렘은 삼면이 골짜기로 둘러 싸여 해발 790m의 산악 지역 중심부에 위치해 있었다. 공격하기 힘들고 방어는 쉬웠기 때문에 수도로서 적격이었다. 다윗의 병사들은 골짜기와 지하로 연결된 수로를 타고 올라가 예루살렘을 점령했다.

〈골리앗의 머리를 벤 다윗〉1606, 카라바조Michelangelo Merisi da Caravaggio

이후 다윗 왕은 12지파를 하나의 왕국으로 통합하고 예루살렘을 그 수도로 정한다. 그리고 다윗 왕은 주위 국가들과 동맹을 맺고 많은 싸움을 승리로 이끌었다. 다윗이 다스리던 이스라엘 왕국은 이스라엘 역사상 가장 큰 영토를 차지하게 되는데, 그 크기는 현재 이스라엘의 다섯 배나 된다.

무엇보다 지금 이 시간을 중시하는 사고방식

"그 애가 살아 있을 때 굶으며 운 것은 행여 야훼께서 나를 불쌍히 보시고 아기를 살려주실까 해서였소. 아기가 이미 죽고 없는데 굶은들 무슨 소용이 있겠소? 내가 굶는다고 죽은 아이가 돌아오겠소? 내가 그 애한테 갈 수는 있지만, 그 애가 나한테 돌아올 수는 없지 않소?"

— 사무엘하 12:22~23

아들이 죽은 것을 알고 자신이 할 수 있는 것이 없음을 인정한 다윗, 이것이 그의 사고방식을 가장 분명하게 보여주는 사건이다. 바로 '지금 이 시간, 현재'를 직시하는 것이다. 아들이 죽자마자 동전 뒤집듯 바뀐 다윗의 태도는 선뜻 이해하기 어렵다. 하지만 유대인들은 부하의 아내를 간음한 다윗을 비판하면서도 그의 철저한 현재적 사고를 배우고자 한다. 다윗의 무덤은 지금 시온의 높은 언덕 위에 서 있으며 많은 사람들이 경배한다.

다윗의 이야기뿐만 아니라 히브리어 '시간'이라는 단어에도 유대인의 현재적 사고가 반영되어 있다. 히브리어에는 '지금'이라는 말을 Atat(아타; 시간을 향하여)라고 쓴다.

시간은 상대적인 것이기 때문에 주체인 내가 얼마나 제대로 사용하느냐가 가장 중요하다고 생각하는 것이다.

이는 아들의 죽음 앞에서도 즉시 '현재'에 충실했던 다윗의 행동이 역사를 타고 내려와 뿌리 깊은 '유대인의 사고방식'으로 자리잡았음을 보여준다.

유대교에는 '합력의 선'이라는 말이 있다. 지금 당장 무언가 뜻대로 되지 않고 이치에 맞지 않는 것처럼 보여도 이러한 순간들이 모여 최종적으로는 선善을 이룬다는 것이다. 그렇기에 그들은 이미 지난 과거에 미련을 두지 않고 오지 않은 미래에 기대지도 않는다. '지금'을 직시하며 그때그때 효율적인 태도를 취하는 것이 최선最善이라고 믿는다.

"육감이 둔하면서도 행운을 잡으려 하는 것은, 뚫린 그물로 고기를 잡는 것과 같다."

유대 격언

다윗의 별

다윗의 별은 유대인과 유대교를 상징하는 표식으로서 다윗 왕의 아들 솔로몬 왕이 이스라엘과 유대를 통합한 후 다윗의 별을 유대 왕의 문장으로 삼았던 데 기인한다.

다윗의 별은 삼각형 두 개를 엇갈리게 그려 놓은 것인데 이스라엘 국기에도 있다. 이 두 삼각형은 각각의 의미가 있다. 아래에 있는 삼각형은 유대인 사회의 안정되고 변함없는 모습을, 위의 삼각형은 변화와 변혁을 나타낸다.

유대인들은 이 두 가지, 즉 변하지 않는 것과 변해야 하는 것을 매우 중요하게 여긴다. 절대 흔들리면 안 되는 진리를 바탕으로 어떤 상황에서도 대처해 살아남을 수 있는 유연한 사고를 의미한다고 할 수 있다. 이는 유대인의 끈질긴 생명력의 핵심 요인이기도 하다.

왜 다윗의 별이 유대인의 상징이 되었나

〈탈무드〉에 따르면 다윗과 솔로몬 왕이 육각형의 다윗의 별(핵사그램)을 가지고 귀신을 내쫓고 천사를 불렀다고 한다. 그 후로부터 다윗의 별은 악마를 쫓아내는 특별한 힘이 있다고 믿어져 왔다. 이후 수호를 상징하는 의

미로만 쓰이다가 14세기부터 유럽에 살던 몇몇 유대인들이 다윗의 별을 가문의 상징으로 쓰기 시작했고, 후에 프라하에 있던 유대인의 공동체에서 유대인의 상징으로 다윗의 별을 사용하였다고 한다.

다윗의 별이 유대인의 상징이 된 또 하나의 사건이 있는데 이는 나치의 유대인 격리 정책 때문이었다. 나치 독일은 유대인들을 구분하기 위해 왼쪽 가슴에 노란색 다윗의 별을 달고 다니게 했는데 사람들은 이 노란별을 단 사람들과는 말도 해서도 도와주어서도 안 되었다. 사회로부터 영원히 격리시키겠다는 의미였으니 요즘으로 치면 왕따를 만들어 사람 취급을 하지 않도록 했던 것이다.

나치 치하의 유대인의 삶을 잘 그린 『안네의 일기』에는 "네덜란드 사람들이 우리를 불쌍히 여겼지만 노란별을 단 우리를 그들은 도와줄 수 없었다."라는 구절이 있는데 당시 유대인의 가슴 아픈 처지를 잘 나타낸 구절로 남아 있다.

『안네의 일기』 원본

"올바른 자는 자기의 욕망을 조정하지만,

올바르지 않은 자는 욕망에 조정당한다."

– 탈무드

Genius Thinking

22 가장 중요한 것은 자기 경영이다

피터 드러커

"10분 뒤와 10년 후를 동시에 생각하라."

'구글'을 예언한 경영학의 아버지

'히틀러는 독일 국민들에게 실현되지 않을 환상을 이야기했고 이후 전쟁을 일으킨다. 국민들의 이성을 마비시키기 위해서이다. 소련은 붕괴된다. 제2차 세계대전이 끝나고 대공황이 덮친다.'

'미래의 기업의 형태는 완전히 달라진다. 노동자들은 모두 지식 근로

자가 된다. CEO는 우두머리가 아니라 지휘자로 기능한다. 근로자들은 모두 자율적으로 근무하며 경영자는 그들 사이에서 방향을 잡아줄 뿐이다.'

피터 드러커는 위와 같은 내용을 실제로 그 일들이 벌어지기 몇 십년 전에 예언했다. 실제로 21세기 최고의 기업, 구글의 경영 형태는 위의 내용대로다. 그러나 그는 인터뷰에서 이렇게 단언한다.

"나는 결단코 예언을 하지 않는다. 나는 단지 창밖을 내다보고 현실을 관찰하고는, 남들이 아직 보지 못하고 지나치는 것을 파악할 뿐이다."

피터 드러커는 '미래를 예측하는 가장 좋은 방법은 그 미래를 창조하는 것'이라고 말한다. 경제·경영계의 선지자, 피터 드러커는 일찍이 정보 혁명을 눈치채고 기업들에게 미래 기업 형태를 전파했다.

고학苦學했던 명문가 출신 청년

피터 드러커는 네덜란드의 유대인 사업가 집안에서 태어났다. 오스트리아로 이주한 후부터 인쇄업을 주로 하던 집안의 사업은 번창한다. 피터 드러커의 할아버지는 은행가였고, 할머니는 로베르트 슈만의 부인 클라라 슈만의 제자인 피아니스트였다. 아버지는 외무성 장관을 지낸 경제학자였고, 어머니는 오스트리아 최초의 여성 의학자였으며 프로이트와 학문적 교분이 있었다. 말 그대로 명문가였다.

피터 드러커는 집에서 세계 정세와 인문, 철학, 의학, 경제 등에 관해 어른들이 토론하는 모습을 보며 자랐다. 그가 다양한 세계관과 가치를 익히게 된 것은 자연스럽고 당연한 과정이었다.

그러나 제1차 세계대전 때 오스트리아를 덮친 초인플레이션 때문에 드러커의 집안은 몰락하게 된다. 오스트리아의 김나지움을 졸업한 드러커는 함부르크로 이주하고 대학에 들어가 법학을 공부한다. 집안이 기울어 학생 시절부터 고학해야 했다. 그는 대학을 다니며 무역회사에서 일했다. 1929년에는 프랑크푸르트로 옮겨가 금융회사에 근무하기도 했고, 지역 경제지의 기자로 활동하며 학문과 현실의 적용을 경험하기도 한다. 대학을 졸업하고 1935년 런던에 가서 당시 경제학자로 유명한 케인즈의 강의를 듣기도 한다.

존 메이너드 케인즈 John Maynard Keynes 1883~1946
이전의 학설들을 토대로 '케인스 경제학'이라는 독창적인 이론을 창시, 20세기 가장 영향력이 큰 경제학자로 인정받고 있다.

이후 드러커는 여러 대학에서 경제학, 통계학, 철학, 정치학 등의 강의를 맡아 하는 동시에 수많은 저서들을 내놓는다.

피터 드러커, 경영학의 길을 걷다

박사학위를 받으며 졸업한 1931년, 히틀러의 등장으로 드러커 앞의 독일은 미래가 암울해 보였다. 그는 자유주의를 옹호하는 논문을 발표하여 히틀러가 독일에서 펼쳐 나가는 전체주의를 반대한다는 의견을 내놓았다. 그러나 1933년 결국 히틀러가 쿠데타로 정권을 잡자 드러커는 오스트리아로 건너간다.

오스트리아에서 영국으로, 다시 미국으로 이주한 드러커는 1937년부터 주로 신문에 기고하며 대학 강사로 활동하였고 『경제인의 종말 The End of Economic Man』, 1939이라는 저서를 출간한다. 그는 이 책에서 나치주의와 파시즘 등 전체주의가 등장한 역사적 배경을 살피고 히틀러를 비판한다. 전체주의에 속수무책으로 무기력하게 무너지는 유럽의 현실을 꼬집기도 한다. 『경제인의 종말』에는 나치의 유대인 대학살 계획, 히틀러와 스탈린의 제휴 계획 등 당시의 상식으로는 생각조차 할 수 없는 예언이 적혀 있었는데 그것이 모두 사실로 밝혀지자 미국에서 그의 가치는 급등한다. 드러커는 미국 사회에 알려지기 시작하여 미 육군에 자문을 해주기도 한다.

1942년에 발표한 『산업인의 미래The Future of Industrial Man』에서는

20세기 후반부터는 대기업을 중심으로 하는 산업 조직이 출현한 것이라는 미래의 기업 현실의 모습을 구체적으로 예언한다. 이제 드러커는 현대 경영학의 거두로 본격적으로 떠오른 것이다.

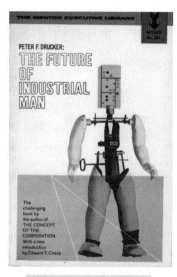

피터 드러커의 『산업인의 미래』

현대 경영학의 창시자

피터 드러커는 경영Management이라는 분야를 하나의 학문 분야로 새롭게 확립하는 데 공헌한다. 분권화, 민영화, 권한 위양, 지식 노동자, 학습 조직, 목표 관리, 수평 조직 등 오늘날 학문적으로 뿐만 아니라, 지금 일상에서 쓰고 있는 수많은 경영학 용어들은 대부분 드러커가 처음으로 만들어 낸 용어들이 많다.

사실 경영학은 1920년대에 시작되어 채 100년이 되지 않은 신생 학문 영역이다. 피터 드러커는 경영학에 몰두하기 전 이미 떠오르는 경제학자였다. 하지만 스승들과 동료들은 그를 제대로 이해하지 못했다. 실제로 아버지의 친구이자 스승이었던 뉴욕대학교 미제스 교수는 경영학을 하려는 드러커를 꾸짖기도 했다고 전해진다. 당시에는 경영학은 학문으로도 보지 않았기 때문이다.

피터 드러커는 산업혁명 이후 등장한 기업과 경영자에 대해서 연구하고 조사했으며 그들의 미래상을 제시하려고 했다. 그는 그의 저서 『경영의 실제』에서 "20세기 이후 등장한 어떤 새로운 기본적 기관이나 새로운 지도적 집단도, 그런 것이 있었다손 치더라도, 경영자 집단만큼이나 빨리 부각된 것은 거의 없었다."라며 경영자와 기업의 등장이 인류 역사의 한 획을 긋는 사건이라고 말했다. 나아가 기업이란 단순히 이윤을 창출하는 기관이 아니라고 강조한다.

"분명 기업은 사회를 좀더 나은 방향으로 이끌어 그 경제적 책임을 수행해야 하며, 그리고 사회의 정치적 신념 및 윤리적 신념과 일치하는 방향으로 그것을 수행해야 한다."

그리고 "기업의 존재를 결정짓는 것은 고객이다. 고객이야말로 기업의 제품이나 서비스의 가치를 매기고, 경제적 자원을 부富로, 자원을 제품으로 바꾸는 유일한 객체다. 고객이 구입하는 것은 제품과 서비스 자체가 아니라 그것들이 제공하는 효용效用이다. 이렇듯 기업의 목적은 단한 가지, 고객을 창조하는 것이다."라고 말했다.

이러한 그의 주장은 기업의 목적이 오로지 '최대 이윤 창출'이라는 개념을 혁신적으로 파괴했다. 이제 경영자들은 '경제적 가치'만이 아닌 '사회적, 정치적, 윤리적 가치'를 생각해야 했다. 또한 기업을 '매출'그 자체가 아니라 자신들의 제품을 경제적인 가치로 바꾸어주는 매개체인 '고객'에 무엇보다 집중하게 만들었다.

지식 근로자는 모두 CEO처럼 생각하라

피터 드러커는 2000년 5월, 〈포브스〉에서 "지식이 주요 자원인 시대에. 이미 고등교육을 받은 사람들일수록 지식발전을 쫓아가려고 노력하기 때문에 평생교육이 발전할 것이다."라고 밝혔다.

피터 드러커는 제1차 세계대전, 독일의 나치정권, 산업혁명, 그리고 제2차 세계대전이라는 거대한 흐름 속에서 끊임없이 공부하고 스스로를 경영하여 그 본질과 미래를 꿰뚫는 생각을 발전시켰다. 그 결과 자기 자신뿐 아니라 기업과 산업사회 전체를 조망할 수 있는 눈을 가질수 있게 되었다. 그는 현대 사회에서 기업은 더 이상 사적인 조직이 아니라 사회를 이끌고 선도해 나가는 기관의 일종이며, 노동 경영에서 지식 경영으로 발전할 것이라고 했다.

또한 이를 위해서는 궁극적으로 기업가와 노동자 둘 모두 교육을 받아 "지식 근로자 개개인은 CEO처럼 생각하고 행동해야 한다."라고 주장했다. 직위와는 별개로 노동자도 CEO적인 사고로 자기 경영을 필수적으로 해야 한다는 것이다.

"지식 근로자는 스스로 방향을 정해야만 한다. 그리고 그 방향은 성과와 공헌, 즉 목표 달성에 초점이 맞추어지지 않으면 안 된다."

– 피터 드러커, 『프로페셔널의 조건』

이제 현대인들은 자신의 인생을 주체적으로 사고하고 경영해야 한다는 사실을 강조한 것이다. 피터 드러커가 빠르게 변하는 사회 속에서 스스로 배우고 실천했던 사고방식과 일치한다.

주체적인 자기 경영이란 결국 자기 자신을 관리하고 지배하는 생각과 행동이라고 할 수 있다.

피터 드러커가 참여했던 마셜플랜의 포스터.
'날씨가 어떠하든 우리는 함께 가야 한다.'
마셜플랜은 유럽 부흥 계획European Recovery Program으로도 불리며, 제2차
세계 대전 이후의 황폐화된 유럽 동맹국을 재건하기 위해 미국이 계획했다.

현대는 자기 경영의 시대다
① 노동의 시대는 가고 지식 경영의 시대가 왔다
② 지식 경영의 시대에 중요한 것은 자신과 조직의 관리다

숨겨진 유대인 이야기
'지혜의 왕' 솔로몬, 끝까지 지혜로웠을까?

《솔로몬의 재판》 1842, 프레데리크 앙리 쇼펭

다윗은 자신의 치세에는 나라가 시끄러웠으므로 솔로몬의 치세에는 평안할 것을 기원하며 '평화'라는 의미의 이름을 지었다. 다윗의 바람대로 솔로몬 왕 치세의 이스라엘은 최고의 영광을 누렸다.

솔로몬은 군사적·경제적으로 중요한 도시들을 요새화하여 군사 도시를 건설했다. 솔로몬은 당시 말이 끄는 수레로 구성된 대규모 부대를 운영했다. 당시 고대의 중동 지역은 막 철기시대로 진입하고 있었기 때문에 병거는 최첨단 무기에 속했다. 이러한 선진적인 군사력은 국제 무역에서 이스라엘을 유리한 위치에 올려 놓았다. 또한 독점한 철제 무기를 무역품으로 취급하면서 엄청난 이익을 얻을 수 있었다.

특히 솔로몬 치세의 이스라엘은 중요 군사·교역로의 통제권을 가져서 지나가는 상인들에게 통행세를 받을 수 있었다. 동시에 그 길에 요새를 건설하였다. 이 요새를 통해 상인들에게 군사들을 이용한 보호와 식량을 제공하고 대신 그들이 가진 각종 교역품을 받았다. 이러한 활발한 교역은 농업과 목축에 주력했던 이스라엘 사회를 상공업 중심의 사회로 바꾸었다.

이렇게 쌓은 재력을 바탕으로 솔로몬은 예루살렘 성전 건축을 선언하고 7년 만에 완공했다. 기록에 따르면 예루살렘 성전은 어떤 나라의 신전보다 위엄있었다고 전해진다. 특히 두 개의 십계명 석판을 안치한 '언약궤'가 있었기 때문에 유월절, 수확절(오순절), 추수절(초막절)에 이스라엘 백성들이 모이는 구심점이 되었다. 성전이 완공된 이후 이스라엘 사람들은 예루살렘을 향해 하루에 세 번씩 기도하는 관습까지 생겼다고 한다.

그러나 부가 한계까지 쌓이자 부패가 생기기 시작했다. 솔로몬은 무역으로 벌어들인 돈을 수도 건설에 모조리 투입시켰다. 성전과 궁전은 20년 만에 건립되었으나 이스라엘 국고는 바닥을 보였다. 결국 솔로몬은 애초의 계약을 어기고 무역 상대국에 이스라엘의 땅 일부를 통째로 넘긴다. 이는 계약을 성실히 이행하는 유대인의 정신과도 어긋나는 일이었을 뿐더러 하느님의 땅을 멋대로 사고팔아 율법을 어긴 사건이기도 하다.

솔로몬은 이후에도 많은 지역에 요새를 건축하면서 군대, 무기 등을 들여오느라 엄청난 비용을 들였다. 그리고 국제관계를 위해 이방의 딸들과 결혼하는 바람에 수많은 종교들이 사회에 섞여 들었다. 또한 이방인 아내를 위해 궁전을 지었고 무역을 위해 감당할 수 없는 양의 배와 항구를 건설한다. 이때문에 모자라는 국고를 채우기 위해 백성들을 쥐어짰고 더불어 노동력도 착취한다. 특히 북쪽 이스라엘인들은 나중에 거의 노예로 전락하게 된다. 처음에 지혜에 따라온 부속품에 불과했던 권력과 명예와 부는 이제 솔로몬을 집어삼킨 것이다.

참고문헌

고영길, 『다윗 실록』, 홍성사, 2013

구와바라 데루야 저, 김정환 옮김, 『페이스북 CEO, 마크 주커버그의 초고속 업무술』,

       RHK(랜덤하우스코리아), 2011

구창환, 유윤수, 최규문 저, 『페이스북, 무엇이고 어떻게 활용할 것인가』, 더숲, 2010

권홍우, 『부의 역사』, 인물과 사상사, 2008

김규항, 『예수전』, 돌베개, 2009

김욱, 『탈무드에서 마크 저커버그까지』, 더숲, 2011

노암 촘스키 저, 장영준 역, 『불량국가』, 두레, 2001

노암 촘스키 외 2명 공저, 강주헌 역, 레미 말랭그레 그림, 『촘스키 누가 무엇으로 세

       상을 지배하는가』, 시대의 창, 2003

니얼 퍼거슨 저, 박지니 역, 『로스차일드 1, 2』, 21세기북스, 2013

니콜라스 네그로폰테 저, 백욱인 역, 『디지털이다』, 커뮤니케이션북스, 1995

다나미 아오에 저, 송태욱, 『이스라엘에는 누가 사는가』, 현암사, 2014

대한성서공회, 『공동번역 성서』, 대한성서공회, 2015

데니스 브라이언 저, 김승욱 역, 『퓰리처』, 작가정신, 2002

데이비드 배런, 리네트 파드와 저, 이상헌 역, 『모세의 경영전략』위즈덤하우스, 2000

데이비드 A. 바이스, 마크 맬 시드 저, 우병현 옮김, 『구글, 성공 신화의 비밀』,

       황금부엉이, 2006

데릭 윌슨 저, 신상성 역, 『가난한 아빠 부자 아들 1』, 동서문화사, 2002

랍비 솔로몬 저, 박인식 역, 『유대인의 삶과 지혜』, 해피앤북스, 2012

랍비 조셉 텔루슈킨 저, 김무겸 역, 『죽기 전에 한번은 유대인에게 물어라』, 북스넛,
　　　2013

랍비 조셉 텔루슈킨 저, 김무겸 역, 『죽기 전에 한번은 유대인을 만나라』, 북스넛,
　　　2012

래리 킹 저, 강서일 역, 『래리킹 대화의 법칙』, 청년정신, 2001

래리 킹 저, 정미나 역, 『래리 킹, 원더풀 라이프』, 청년정신, 2009

로버트 루빈, 제이콥 와이스버그 공저, 신영섭, 김선구 역, 『글로벌 경제의 위기와 미
　　　국』, 지식의 날개, 2005

루스 실로 저, 원웅순 역, 『자식은 유대인처럼 키워라』, 한국크리스천문학가협회,
　　　1995

마르그리트 케네디 저, 황윤희 역, 『화폐를 점령하라』, 아포리아, 2013

마빈 토케이어 저, 주덕명 역, 『영원히 살 것처럼 배우고 내일 죽을 것처럼 살아라』,
　　　함께북스, 2004

마이크 윌슨 저, 김욱송 역, 『CEO 래리 엘리슨과 오라클 신화』, 영언문화사. 2001

마크 J. 바레네치아, 래리 엘리슨 공저, 김철 역, 『오라클의 성공 로드맵』, 물푸레, 2001

막스 귄터 저, 송기동 역,『스위스 은행가가 가르쳐주는 돈의 원리』, 북스넛, 2006

맹성렬,『아담의 문명을 찾아서』, 김영사, 2015

메리 V. 디어본 저, 최일성 역,『페기 구겐하임』, 을유문화사, 2006

문미화, 민병훈 공저,『유태인 경제교육의 비밀』, 달과소, 2005

미셸 루트번스타인, 로버트 루트번스타인 저, 박종성 역,『생각의 탄생』, 에코의서재,

    2007

박기현,『유대인들은 원하는 것을 어떻게 얻는가』, 소울메이트, 2012

박영숙, 제롬 글렌, 테드 고든, 엘리자베스 플로레스큐 저,『유엔미래보고서 2030』,

    교보문고, 2012

박재선,『유대인 파워』, 해누리기획, 2010

박재선,『제2의 가나안 유태인의 미국』, 해누리, 2002

빅토리 퀴페르맹크 저, 정혜용 역,『유대인(유대인은 선택받은 민족인가)』, 웅진지식

    하우스, 2008

사토 다다유키 저, 여용준 역,『미국 경제의 유태인 파워』, 가야넷, 2002

서정남,『할리우드 영화의 모든 것』, 이론과 실천, 2009

솔로몬 저, 하연희 역,『솔로몬의 열쇠』, 루비박스, 2006

송충기,『나치는 왜 유대인을 학살했을까?』, 민음인, 2013

쑹훙빙 저, 차혜정 역, 『화폐전쟁 1, 2』, 랜덤하우스코리아, 2008

안네 프랑크 저, 홍경호 역, 『안네의 일기』, 문학사상사, 1995

알버트 아인슈타인 저, 김세영, 정명진 역, 『아인슈타인의 생각』, 부글북스, 2013

알버트 아인슈타인, 앨리스 칼라프리스 공저, 김명남 역, 『아인슈타인이 말합니다』,

　　　에이도스, 2015

애디슨 위긴 저, 이수정 역, 『달러의 경제학』, 비지니스북스, 2006

앤톤 길 저, 노승림 옮김, 『페기 구겐하임』, 한길아트, 2008

에스티 로더 저, 정성호 역, 『향기를 담은 여자』, 어문각, 2001

역사미스터리연구회 저, 전경아 역, 『세계 명가의 비밀』, 시그마북스, 2013

예카테리나 월터 저, 황숙혜 역, 『저커버그처럼 생각하라』, 청림출판, 2013

요세푸스 저, 김지찬 역, 『요세푸스 1』, 생명의말씀사, 2000

요세푸스 저, 김지찬 역, 『요세푸스 2』, 생명의말씀사, 2006

요세프 하임 예루살미 저, 이종인 역, 『프로이트와 모세』, 즐거운 상상, 2009

요코야마 산시로 저, 이용빈 역, 『슈퍼리치 패밀리』, 한국경제신문사, 2011

육동인, 『유대인처럼 성공하라』, 아카넷, 2004

윤승준, 『하룻밤에 읽는 유럽사』, 랜덤하우스코리아, 2004

이라유카바 최, 『그림자 정부 1,2,3』, 해냄, 2008

이범선,『교양으로 읽는 구약성서 1』, 교양인, 2013

이사야 벌린 저, 안규남 역,『칼 마르크스』, 미다스북스, 2012

이재규 편저,『무엇이 당신을 만드는가』, 위즈덤하우스, 2010

이희영,『솔로몬 탈무드』, 동서문화사, 2007

전호태, 장연희 공저,『고대 이스라엘 2000년의 역사』, 소와당, 2009

제리 힉스, 에스더 힉스 공저, 박행국 역,『끌어당김의 힘』, 나비랑북스, 2010

조지 소로스 저, 김정주 역,『소로스』, 베스트인코리아, 2002

조지 소로스 저, 이건 역,『억만장자의 고백』, 북돋움, 2014

조지 소로스 저, 최종옥 역,『미국 패권주의의 거품』, 세종연구권, 2004

존스틸 고든 저, 김남규 역,『월스트리트 제국』, 참솔, 2002

지그문트 프로이트 저, 김인순 역,『꿈의 해석』, 열린책들, 2016

차배근 저,『미국신문발달사』, 서울대학교출판문화원, 2014

찰스 R. 가이스트 저, 권치오 역,『월스트리트 100년』, 좋은책만들기, 2001

체자레 롬브로조 저, 김은역 역,『미쳤거나 천재거나』, 책읽는귀족, 2015

최영순,『성서 이후의 유대인』, 매일경제사, 2005

최용식,『환율전쟁, 새빛에듀넷』, 2010

최창모,『이스라엘사』, 대한교과서주식회사, 1994

켄 베인 저, 이영아 역,『최고의 공부』, 와이즈베리, 2013

켄 올레타 저, 김우열 역,『구글드』, 타임비즈, 2010

쿠사카리 류우헤이 저, 강탄형 역,『소로스의 모의는 끝났는가』, 지원미디어, 2000

페기 구겐하임 저, 김남주 역,『페기 구겐하임 자서전』, 민음인, 2009

폴 존슨 저, 김한성 역,『유대인의 역사 1, 2, 3』, 살림, 2005

프랭크 샤넬로 저, 정회성 역,『스티븐 스필버그』, 한민사, 1997

프레더릭 모턴 저, 이은종 옮김,『로스차일드 가문』, 주영사, 2008

피터 드러커 저, 남상진 역,『드러커 100년의 철학』, 청림출판, 2004

피터 드러커 저, 이동현 역,『피터 드러커 자서전』, 한국경제 신문, 2005

피터 드러커 저, 이재규 역,『프로페셔널의 조건』, 청림출판 2012

하워드 슐츠 저, 홍순명 역,『스타벅스』, 김영사, 1999

하워드 슐츠, 조앤 고든 공저, 안진환 외 1명 역,『온워드』, 8.0, 2011

헨리 키신저 저, 박용민 역,『회복된 세계』, 북앤피플, 2014

헨리 키신저 저, 이현주 역,『헨리 키신저의 세계 질서』, 민음사, 2016

홍성국,『세계 경제의 그림자 미국』, 해냄, 2005

홍익희,『유대인 이야기』, 행성B잎새, 2013

외 다수

"지금까지 누구도 해결하지 못한 중요한 문제로 눈을 돌리면

세상을 위해 훨씬 더 가치 있는 무언가를 창조할 수 있습니다."

– 래리 페이지

Genius Thinking

"우리가 새로운 흐름을 만들어 낸 것이 아니라

사회가 마침내 받아들인 것이다."

– 마크 저커버그

"손만 뻗어도 잡을 수 있는 꿈이라면

무슨 가치가 있겠는가?"

– 하워드 슐츠

Genius Thinking

"인간은 곤경을 이겨냄으로써 쇠가 불구덩이 속에서

단련되는 것처럼 성장한다."

– 유대 격언

세계 최고를 만드는
유대인의 지혜
천재의 생각법

초 판 1쇄 2016년 11월 01일
초 판 3쇄 2021년 11월 16일

지은이 류종렬

펴낸곳 미다스북스
총괄실장 명상완
책임편집 이다경
책임진행 김가영, 신은서, 임종익, 박유진

등록 2001년 3월 21일 제2001-000040호
주소 서울시 마포구 양화로 133 서교타워 711호
전화 02) 322-7802~3
팩스 02) 6007-1845
블로그 http://blog.naver.com/midasbooks
전자주소 midasbooks@hanmail.net
페이스북 https://www.facebook.com/midasbooks425

ⓒ 미다스북스 2016, *Printed in Korea.*

ISBN 978-89-6637-479-3 03320
값 15,000원

미다스북스는 다음세대에게 필요한 지혜와 교양을 생각합니다.